Judith MacNutt

Für dich hat er seine Engel gesandt

Über die Autorin

Judith MacNutt ist Psychologin, Autorin und eine gefragte Rednerin zum Thema innere Heilung. Sie hat lange sowohl in ihrer eigenen Praxis als auch in verschiedenen Krankenhäusern Bostons gearbeitet. Dabei hat sie ihre Arbeit ganz bewusst mit dem heilenden Gebet kombiniert. Mit ihrem Mann, Francis MacNutt, gründete sie ihren eigenen Dienst, in dem sie auch heute noch das heilende Gebt in den Mittelpunkt ihrer seelsorgerlichen Arbeit stellt. Sie hat zwei erwachsene Kinder und lebt mit ihrem Mann in Florida, USA.

Judith MacNutt

FÜR DICH HAT ER SEINE

Engel gesandt

Wahre Geschichten, die Mut machen

Aus dem Englischen von Marion Achenbach

GerthMedien

Für Rachel und David,
meine geliebten Kinder.

Inhalt

Einführung

Mach dich mit den Engeln vertraut
und betrachte sie häufig im Geiste;
denn auch wenn man sie nicht sieht,
sind sie doch bei dir.

Franz von Sales

Nach viel Gebet und reiflicher Überlegung packten meine Freundin Lynne Sunderland und ich – sie ist ebenfalls Psychotherapeutin – alle unsere Habseligkeiten zusammen und zogen nach Jerusalem, wo wir ein Haus des Gebets eröffnen wollten.

Wir wollten in Jerusalem ein Zentrum eröffnen, in dem Juden und Araber Jesus begegnen können. Eine christliche Organisation stellte uns dafür für einige Jahre eine hübsche, arabische Villa kostenlos zur Verfügung. Das Haus war von früh bis spät geöffnet, und jeder Besucher, der zu uns kam und Hilfe brauchte, wurde mit Worten aus der Bibel, mit Gebet und etwas zu essen versorgt.

Während dieser Zeit hatte Lynne eine erstaunliche Begegnung mit einem Engel. Wir beide waren Mitte zwanzig und lebten damals in Ostjerusalem im Kloster Ecce Homo an der Via Dolorosa. Wir waren begeistert von unserem Glauben und hatten ein starkes Verlangen, anderen Menschen von Jesus zu erzählen. Allerdings bekamen wir keine regelmäßige Unterstützung von Christen aus unserer Heimat, den USA. Doch irgendwie hat Gott uns trotzdem immer mit allem versorgt, was wir brauchten, wenn auch nicht im Überfluss. Und so mussten wir sparsam mit unseren wenigen finanziellen Mitteln umgehen.

Es war ein großer Segen, dass wir in einem Kloster wohnen durften, denn dort lebten wir sicher, sauber, preiswert und in einer wunderbaren Atmosphäre. Die Nonnen gaben uns das Gefühl, Teil ihrer liebevollen Gemeinschaft zu sein. Das bedeutete uns sehr viel, da wir keiner Missionsgesellschaft angehörten. Allmählich lernten wir auch noch andere Christen kennen und unser Freundeskreis wurde größer.

Zu unseren ganz besonderen Freunden gehörte Floride, eine ältere Missionarin, die uns gleich zu Anfang unter ihre Fittiche nahm. Bis zum heutigen Tag danke ich Gott für ihre warmherzige und fürsorgliche Art, mit der sie sich um uns kümmerte. Durch ihre unerschütterliche Ermutigung und ihren radikalen Glauben machten wir rasch geistliche Fortschritte.

Während eines interkonfessionellen Anbetungsgottesdienstes erlebten wir, wie ein junger Mann nach vorne ging und um Gebet für seine immer schlechter werdende Sehkraft bat. Er sehnte sich nach Heilung. Nachdem für ihn gebetet worden war, beugten Floride und ich uns zu Lynne vor, die ohne Brille ebenfalls nicht gut sehen konnte, und forderten sie heraus, Gott um Heilung für ihre Augen zu bitten.

Lynne sah uns daraufhin überrascht an und antwortete dann etwas spöttisch: „Wenn Gott meine Augen heilen möchte, kann er ja meine Brille zerbrechen und mir das auf diese Weise mitteilen."

Am selben Abend, als wir wieder im Kloster angekommen waren, hielten wir vor dem Zubettgehen noch eine kurze Andacht miteinander und gingen dann in unsere getrennten Schlafzimmer. Kurz bevor unsere Wege sich trennten, fragte ich Lynne erneut, ob ich noch für ihre Augen beten solle. Doch sie schüttelte den Kopf. Aber als sie sich umdrehte und in ihr Zimmer ging, hatte ich den starken Eindruck, dass schon bald etwas Wundervolles geschehen würde.

Unsere Zimmer waren sehr klein und nur mit einem Einzelbett und einem Nachttisch ausgestattet. Sie befanden sich neben dem offenen Klosterhof, der von einer hohen Mauer umgeben war.

Was dann geschah, berichtet Lynne hier mit ihren eigenen Worten:

......

Ich schloss meine Zimmertür von innen ab, machte mich fürs Bett fertig und las wie üblich noch einen Psalm. Dann legte ich meine Brille auf den kleinen Nachttisch neben meinem Bett. Ich knipste das Licht aus und schlief auch schon bald ein. Am nächsten Morgen tastete ich nach meiner Brille, um sie aufzusetzen. Zuerst war ich verwirrt, dann überrascht, als ich feststellte, dass beide Brillengläser zerbrochen waren. Auf jeder Seite befand sich von oben bis unten an exakt derselben Stelle ein Riss. Ich redete mir ein, dass ich die Brille in der Nacht wahrscheinlich versehentlich heruntergeworfen und dann im Schlaf wieder aufgehoben hatte. Rasch zog ich mich an und lief zu Judiths Zimmer hinüber.

An jenem Morgen wurde ich in aller Frühe durch ein Klopfen an meiner Tür aus dem Schlaf gerissen. Ich sprang aus dem Bett und fragte mich, was passiert war. Als ich öffnete, stand Lynne vor mir. In der Hand hielt sie ihre Brille, die offensichtlich kaputt war.

„Was ist denn passiert?", fragte ich sie.

Sie berichtete aufgeregt, wie sie die zerbrochenen Gläser gefunden hatte und fragte mich, ob ich in der Nacht in ihrem Zimmer gewesen sei.

Ich verneinte: „Wie hätte ich denn hereinkommen sollen? Du hattest doch die Tür von innen verschlossen."

Langsam dämmerte uns, dass es ein übersinnliches Wesen gewesen sein musste, das Lynne in dieser Nacht einen Besuch abgestattet hatte.

Nicht, dass Sie mich falsch verstehen: Dieser Gedanke war für uns beide nur schwer zu begreifen. Wie konnte irgendein Wesen durch eine verschlossene Tür gehen und anschließend mit körperlicher Gewalt die Gläser einer Brille zerbrechen? Doch dann erinnerte ich mich an Lynnes Witzelei während des Gottesdienstes: „Wenn Gott meine Augen heilen will, soll er zuerst mal meine Brille kaputt machen."

Ohne Brille war Lynne aufgeschmissen, aber sie hatte auch nicht die Mittel, sich eine neue zu kaufen. Deshalb kam sie kleinlaut zu mir und bat mich, dafür zu beten, dass Gott entweder ihre Augen heilen oder ihr eine neue Brille besorgen würde. Wir fingen an, täglich für ihre Heilung zu beten.

Fast zwei Wochen vergingen, in denen sie nicht lesen konnte. Durch die Überanstrengung ihrer Augen war sie von dauerhaften Kopfschmerzen geplagt. Ihr blieb keine andere Wahl, als zu warten, zu beten und Gott zu vertrauen.

An einem Sonntagmorgen saßen Lynne und ich in einem Anbetungsgottesdienst am Grab Jesu und hörten auf die Predigt.

Plötzlich ergriff Lynne meinen Arm und stammelte: „Ich kann sehen! Ich kann sehen!"

Ich sah sie an. Ihr Gesicht strahlte vor Begeisterung und Tränen standen in ihren Augen. Da erkannte ich, dass Gott ganz bewusst diesen Zeitpunkt ausgewählt hatte, um in ihrem Leben ein Wunder zu tun.

Lynne berichtet:

. . . . . .

Während des Gottesdienstes war ich vom Anblick des wunderschönen Gartens abgelenkt und ich konnte der Predigt nicht wirklich zuhören. Mein Blick streifte durch den Garten. In einem Moment sah ich verschwommen die Farben der Blumen, im nächsten Moment erblickte ich in kristallklarer Schrift die Worte auf einem Schild. Es hing an einem Baum am andern Ende des Gartens. Ich nahm mein Liederbuch in die Hand und stellte fest, dass ich die Worte klar und deutlich lesen konnte. Der Gottesdienst neigte sich gerade dem Ende zu, als ich nach Judiths Arm griff und ihr von dem Wunder erzählte. Während wir uns noch über Gottes Güte freuten, kam Mrs Dobbie, die Organistin, auf uns zu.

Sie fragte: „Was habt ihr grade mit Gott erlebt?"

Dann erklärte sie uns, dass sie während des gesamten Gottesdienstes einen Lichtschein um Judith und mich gesehen hätte, und sie hatte sofort gewusst, dass es Gott war, der in diesem Moment irgendetwas tat.

Einige Tage später erfuhr Dr. Robert Lindsey, unser Pastor von der Baptistengemeinde in der Narkis Street, von Lynnes Heilung. Er nahm sie mit zu einem Augenarzt, damit dieser ihre Augen untersuchte. Nach der Untersuchung konnte der Arzt es nicht fassen, dass sie jemals eine Brille getragen hatte. Ihre Sehkraft war perfekt.

Lynne berichtet:

Irgendwann später erfuhr ich, dass der junge Mann, für den bei dem Gottesdienst um Heilung für seine Augen gebetet worden war, nicht gesund geworden war. Das machte mich traurig.

Betroffen fragte ich Gott: „Warum ich, Herr? Ich verstehe nicht, warum du meine Augen geheilt hast und seine nicht."

Ich saß still da, und dann hörte ich Gottes leise Stimme, die mir erklärte, dass er nicht nur „so sehr die Welt geliebt hat", sondern dass ich vielmehr auch verstehen und erfahren sollte, wie sehr er mich persönlich liebt. $\longrightarrow$

Ich weiß nicht, ob ich jemals einen Engel gesehen habe. Aber ich weiß, dass mich Engel im Auftrag meines himmlischen Vaters besucht haben. Auch in jener Nacht, als ich schlief, ist ein Bote Gottes in mein Zimmer gekommen und hat meine Brille zerbrochen, damit ich eindeutig sehen konnte, wie sehr Gott mich liebt.

Lynnes Sehkraft blieb zu meiner Freude so lange geheilt, bis sie in das Alter kam, wo die meisten von uns eine Brille brauchen.

Wir sind umgeben von einer für uns unsichtbaren Dimension. Hin und wieder gestattet uns Gott einen flüchtigen Blick in diese Welt und lässt es zu, dass wir Engel sehen, hören oder von ihnen berührt werden. Vielleicht riechen Sie mitten in einer kalten, ungemütlichen Umgebung plötzlich den Duft von Blumen, oder Sie hören den wunderschönen Gesang eines Chores mit Liedern, die nicht von dieser Welt sind. Es kann sein, dass Sie eine tröstende Hand auf Ihrer Schulter spüren. Sie drehen sich um, aber da ist niemand. Einige sehen vielleicht sogar einen hell leuchtenden Engel, der ihnen in einer schwierigen Lebensphase Gottes tiefe

Liebe und Fürsorge offenbart. Diese Begegnungen fordern uns heraus, unsere Herzen für die herrliche Tatsache zu öffnen, dass es Engel wirklich gibt.

Ich glaube, dass sich mitten unter uns Engel befinden, die uns Trost, Stärke, Heilung und Freiheit übermitteln und, was am wichtigsten ist, die uns der Realität von Gottes Königreich näherbringen.

In meinem vorigen Buch *Wesen und Wirken der Engel* (Glory World-Verlag) habe ich die Eigenschaften von Engeln genauer beschrieben – wie sie aussehen, was ihre Aufgaben und was gefallene Engel sind. Das vorliegende Buch enthält Berichte über die Hilfeleistungen von Engeln, unfassbare, wahre Geschichten von Engeln, die überall auf der Welt Menschen aus allen Gesellschaftsschichten begegnet sind. Wenn Sie diese Berichte lesen, werden Sie merken, wie Ihr Vertrauen in Gottes Liebe und Fürsorge wächst, mit denen er Sie auf Ihrem Weg zur Ewigkeit hin begleitet. Ich hoffe, Sie werden entdecken, dass diese mächtigen Engel Ihre irdischen Begleiter sind, Freunde auf Ihrem Lebensweg. In herausfordernden Situationen werden Sie von ihnen getröstet, gewarnt, beschützt und geliebt. Sie erhellen Ihren Geist mit Gottes Wahrheit und Führung und sie helfen Ihnen, den richtigen Weg zu finden.

Während Gott Sie mit der Wirklichkeit der geistlichen Welt immer mehr vertraut macht, wird Ihnen mehr und mehr bewusst werden, dass diese himmlischen Wesen ständige Begleiter auf Ihrem persönlichen Weg, in Ihrer Familie und in der Gemeinde sind. Sie sind nie allein; Gott sorgt für Sie. Jedes Mal, wenn Sie die Orientierung verloren haben, ängstlich, verwirrt oder verzweifelt sind, liegt Ihr Fokus wahrscheinlich auf Ihrer Situation und nicht auf Gott. Wenn Sie sich dann Hilfe suchend an Gott wenden, schickt er Ihnen seine mächtigen Engel, damit sie auf übernatürliche Weise eingreifen und Ihnen helfen.

Ich bete, dass Gott dieses Buch und die Berichte von Begegnungen mit Engeln gebrauchen wird, um Sie in Ihrem Alltag mit all seinen Lasten zu ermutigen, zu trösten und Ihnen Heilung zu schenken.

Die Schutzengel der Kinder

Hütet euch davor, hochmütig auf die
herabzusehen, die euch gering erscheinen.
Denn ich sage euch: Ihre Engel haben immer
Zugang zu meinem Vater im Himmel.

MATTHÄUS 18,10

Kinder sind für Gott von großem Wert. Jesus scheint in dem oben angegebenen Vers seine Zuhörer zu warnen, dass Gottes Engel über diejenigen wachen, die uns „gering erscheinen", wie er es ausdrückt. Er sagt, dass unser Verhalten ihnen gegenüber, sei es gut oder schlecht, genau beobachtet und auch beurteilt wird.

Jesus betont energisch, wie wichtig es ist, Kinder zu respektieren und sie zu schützen. Als Jesus die Kinder zu sich rief, seinen Arm um sie legte und sie segnete, setzte er damit ein Zeichen für uns.

Vom Augenblick unserer Empfängnis bis ans Ende unseres irdischen Lebens, wenn wir in den Himmel geleitet werden, sind unsere Schutzengel stets an unserer Seite. Die folgenden Geschichten sind davon beeindruckende Zeugnisse.

. . . . . .

Als ich meinen Schutzengel zu Gesicht bekam

Auf den Dachbalken der Kirche, in der ich als anglikanische Pastorin tätig bin, habe ich hin und wieder Engel sitzen sehen, vor allem dann, wenn wir als Gemeinde Gott angebetet haben. Irgendwann wurde ich neugierig, wie wohl mein eigener Schutzengel aussieht, den ich noch nie zu Gesicht bekommen hatte. Also betete ich und bat Gott, mir einen flüchtigen Blick auf ihn zu gewähren.

Kurze Zeit später war ich mit dem Auto auf einer großen Brücke unterwegs. Sie führt zu der Insel, auf der unsere Kirche steht. Und da sah ich ihn. Ich war begeistert. Seine Größe schätzte ich auf über vier Meter, und er schwebte mühelos über der Vorderseite meines Wagens. In der Hand hielt er ein langes Seil, das am andern Ende an meinem Auto befestigt war. Ich wusste, er würde an diesem Tag und auch in Zukunft auf mich aufpassen.

Später fragte ich Gott, ob mein Engel auch einen Namen habe. Er nannte mir einen Namen, den ich noch nie zuvor gehört hatte. Ich dankte meinem Engel, dass er mich beschützte, und in meinem Innern hörte ich seine Antwort. Er sagte, er würde nur den Anweisungen von Jesus folgen und deshalb solle ich Jesus danken, nicht ihm. Von dem Moment an sprach ich nicht mehr mit ihm. Ich bitte Jesus einfach, dass er ihm meinen Dank ausrichtet.

Einmal fragte ich im Gebet, ob mein Schutzengel schon lange bei mir sei und Jesus antwortete mir, dass er ihn mir bereits seit dem Tag meiner Empfängnis zur Seite gestellt hat.

Pastorin Hazel L. Wilkinson, Ph. D.

Gleich an mehreren Stellen offenbart uns diese Geschichte einige tiefe Wahrheiten über Engel. Die Engel werden uns offensichtlich schon bei unserer Empfängnis zugeteilt und stehen uns von da an immer zur Seite. Sie begleiten uns ein Leben lang und kümmern sich um uns. Beachten Sie die Antwort, die der Engel der Pastorin gab, als sie sich bei ihm bedankte. Er sagte: „Danke Jesus, nicht mir. Ich befolge nur seine Anweisungen."

Beschäftigen wir uns einmal mit der Antwort im letzten Absatz: „Ich habe dir den Engel seit dem Tag deiner Empfängnis zur Seite gestellt." Dies war mit Sicherheit eine einschneidende Entdeckung für Hazel Wilkinson, die auch vielen anderen Menschen wohl kaum bekannt sein dürfte.

Mein Mann Francis und ich haben im Rahmen unserer Arbeit recherchiert und herausgefunden, dass der Mutterleib die erste

Welt ist, in der das Kind lebt. Die pränatalen Einflüsse und Erlebnisse in den ersten neun Monaten hinterlassen bei dem Kind in vielen wichtigen Bereichen lebenslange Spuren. Als Gott mit dem zukünftigen großen Propheten Jeremia sprach, sagte er: „Ich habe dich schon gekannt, ehe ich dich im Mutterleib bildete, und ehe du geboren wurdest, habe ich dich erwählt" (Jeremia 1,5).

Ich kannte eine Frau, deren Tochter mit ihrem ersten Kind schwanger war. Eines Tages kam die Tochter sie besuchen, und so stellte die Mutter ein Gästebett in ihrem eigenen Schlafzimmer auf, in dem die Tochter schlafen sollte. Die Mutter machte sich Sorgen um ihre Tochter, weil die Schwangerschaft nicht ganz einfach verlief. Nachdem sie abends ins Bett gegangen waren, betete die Mutter noch eine Stunde lang und schlief dann ein. Irgendwann später wachte sie auf und sah einen großen, leuchtenden Engel, der sich über ihre schlafende Tochter beugte. Dann sah sie noch einen kleinen Engel auf der andern Seite des Bettes. Sie fragte: „Herr, für wen ist dieser kleine Engel?"

Und Gott antwortete: „Das ist der Engel für das ungeborene Kind – für dein Enkelkind."

Ein anderes Mal nahmen mein Mann und ich an einer Konferenz teil, die einmal jährlich in dem wunderschönen Ort Vail in Colorado stattfindet. Zwei unserer Freunde fuhren an diesem Tag nach Denver. Ihre schwangere Tochter saß ebenfalls mit im Auto. Als sie am selben Abend zurück nach Vail fuhren, saß die Freundin ihrer Tochter am Steuer. Das junge Mädchen, eine noch unerfahrene Fahrerin, verlor auf der eisglatten Straße die Kontrolle über den Wagen und sie gerieten gefährlich ins Rutschen. Doch irgendetwas brachte das Auto zum Stehen, bevor es den Abhang hinunterstürzen konnte. Der Fahrer hinter ihnen beobachtete den Vorfall und rief den Rettungswagen. Meinen Freunden war sofort klar, dass Gott seine Hand über sie gehalten hatte.

Damit ist die Geschichte aber noch nicht zu Ende. Der faszinierende Teil war der: In Denver hatten sie ihr Auto gewaschen, aber durch den Schnee und Matsch auf den Straßen war es wieder schmutzig geworden. Als die junge Fahrerin wieder einsteigen wollte, bemerkte sie, dass auf der Seite, die dicht am Abgrund stand, überall Fingerabdrücke zu sehen waren. Die Abdrücke waren riesig, bis auf ein kleines Paar Hände.

Gemeinsam standen sie vor dem Auto und betrachteten die riesigen Abdrücke, bis die Fahrerin, die nicht an Gott glaubte, stammelte: „Das waren Engel." Dann fragte sie verwirrt: „Warum ist da noch so ein kleines Paar Hände?"

Genau wie in der Geschichte oben kamen sie zu der Überzeugung, dass diese kleinen Fingerabdrücke dem Engel des ungeborenen Kindes gehörten.

Diese beiden Berichte lassen erkennen, dass Kinder bereits im Mutterleib durch Engel beschützt werden, damit ihnen kein Leid geschieht.

Solche Geschichten und Bibelstellen sollen uns ermutigen, über die tiefe Nähe Gottes zum werdenden Leben des ungeborenen Kindes nachzudenken. Der Embryo ist keine zufällige Ansammlung von Zellen, sondern er ist bereits in diesem Stadium ein von Gott geliebtes Wesen, das liebevoll von ihm gebildet wurde.

Diese Wahrheit finden wir auch in der freudigen Reaktion Johannes' des Täufers bestätigt, als dieser sich noch im Mutterleib seiner betagten Mutter Elisabeth befand und sie von der schwangeren Maria begrüßt wurde. Elisabeth wurde sofort vom Heiligen

Geist erfüllt (siehe Lukas 1,41). Da das Leben bereits mit der Empfängnis beginnt, sollte uns auch die Entdeckung nicht überraschen, dass uns von diesem Moment an bis zum Ende unseres irdischen Lebens ein mächtiger Engel zur Seite gestellt wird.

Ich kann mich erinnern, wie ich vor Jahren unsere kleine Tochter Rachel badete. Bei ihrer Geburt war sie ein fröhliches, wunderschönes, neugieriges Baby. Mit ihren großen, blauen Augen nahm sie interessiert die Welt um sich herum wahr, aber oft kam es mir so vor, als blicke sie freudig auf irgendein Wesen, das hinter mir stand. Es bestand kein Zweifel, dass ihr fröhliches Glucksen nicht mir, sondern jemand anderem galt. Das ging manchmal mehrere Minuten lang so. Oft spürte ich in meinem Rücken die Wärme eines Körpers, so als ob jemand dicht hinter mir stand.

Vielleicht wollte Rachels Schutzengel dafür sorgen, dass sie in den nervösen Händen ihrer frischgebackenen Mutter keine Angst bekam? Viele Eltern haben mir von ähnlichen Beobachtungen berichtet und mir erzählt, wie ihr Baby nach jemandem zu greifen, aufmerksam zu lauschen oder glücklich auf irgendein unsichtbares Wesen zu reagieren schien. Können wir aus diesen Anzeichen schließen, dass Babys und kleine Kinder häufig einen Blick in die unsichtbare Welt werfen? Wenn das wahr ist, ab welchem Zeitpunkt geht diese Fähigkeit dann verloren? Können Wahrnehmungen dieser Art wiedergewonnen werden? Ist es möglich, dass sich diese frühen Begegnungen mit Engeln in unserem Gedächtnis festsetzen und sich in unserem Bewusstsein verankern?

Die folgende Geschichte zeigt, wie wichtig es ist, den Kindern beizubringen, dass sie sich ihr Leben lang der Gegenwart von Engeln bewusst sein sollten.

Mit den Augen eines Kindes

Ich habe meinen fünf Kindern immer die Bedeutung ihrer Schutzengel vor Augen gehalten. Jeden Abend haben wir als Familie ein Gebet gesprochen, das bei vielen Christen beliebt und bekannt ist:

Heiliger Schutzengel mein,
lass mich dir empfohlen sein.
An diesem Tag, ich bitte dich,
beschütze und bewahre mich.

Für die Kinder war es immer ein großer Trost zu wissen, dass es jemanden gibt, der immer und überall über sie wacht. Eines Morgens ging ich in jedes Kinderzimmer, um die Kinder zum Frühstück zu wecken. Meine kleine vierjährige Tochter Beth lag still in ihrem Bett. Sie war hellwach und starrte auf irgendetwas neben sich. Da sie normalerweise immer die Erste war, die aufstand, war ich besorgt und dachte, sie sei vielleicht krank.

Deshalb fragte ich sie: „Beth, ist alles in Ordnung mit dir?"

Sie nickte, klemmte sich die Bettdecke unters Kinn und flüsterte: „Er ist hier."

Ich fragte: „Wer ist hier, mein Schatz?"

Mit gedämpfter Stimme antwortete sie: „Du weißt schon. Der, von dem du mir erzählt hast."

Da begann ich zu verstehen, dass sie wahrscheinlich von ihrem Schutzengel sprach.

Neugierig fragte ich: „Wie sieht er denn aus?"

Voller Begeisterung beschrieb sie ihn mir: „Er war so hell, Mama, und so wunderschön. Die ganze Zeit über hat er mich angelächelt. Er trug eine glänzende Rüstung und auf dem Kopf einen Helm, und an seinem Gürtel hing ein Schwert!" Dann erzählte sie, dass der Engel neben ihrem Bett gekniet hatte, als sie aufgewacht war. Ich fragte, wie sie reagiert habe, als sie merkte, dass es ihr Schutzengel war.

Sie zeigte mir, wie sie ihren Kopf unter der Bettdecke versteckt hatte und erklärte: „Ich habe zwei Mal vorgelugt, und er war immer noch da. Aber beim dritten Mal war er plötzlich weg."

Dieses Erlebnis hatte tief greifende Auswirkungen auf unsere gesamte Familie, aber besonders auf Beth. Beth ist heute erwachsen und hat selbst zwei reizende Kinder. Neulich waren wir zu Besuch bei ihnen und schwelgten gemeinsam in Erinnerungen. Wir sprachen von ihrer Kindheit und ihren Begegnungen mit Engeln, und wir überlegten, welche Auswirkungen diese Erfahrungen bisher auf ihr Leben gehabt hatten. Bestimmt hat Gott ihr zeigen wollen, dass er sie immer beschützen würde.

Barbara Shlemon

Es gibt viele Menschen, die sehr eng mit Jesus leben und trotzdem noch nie einen Engel gesehen haben. Beth durfte ihren Engel sehen, damit sie verstand, wie sehr Gott auf ihre Sicherheit achtet.

Kardinal Newman schrieb in seiner Predigtreihe *Pfarr- und Volkspredigten* (Schwabenverlag):

„Auch wenn Engel so großartig, so herrlich, so rein und so wundervoll sind, dass uns allein ihr Anblick (wenn wir sie denn zu sehen bekommen) zu Boden reißen würde, wie das dem Propheten Daniel, einem heiligen und gerechten Mann, geschah, so sind sie dennoch dazu da, uns zu dienen und zu helfen. Sie wachen sorgfältig über uns und auch der Einfachste und Geringste wird von ihnen beschützt.“

. . . . . .

Der Tiefsee-Engel

Als ich sieben Jahre alt war, machten wir als Familie zusammen einen Strandausflug. Beim Schwimmen geriet ich zu weit hinaus in die offene See und versuchte hoffnungslos, gegen eine reißende Strömung anzukommen. Alle Bemühungen, mich zu befreien, waren vergeblich. Meine Eltern hatten nicht bemerkt, dass ich mich von der seichten Stelle des Ufers entfernt hatte. Sie konnten meine Schreie nicht hören. Ich geriet in Panik, doch im selben Moment erschien plötzlich ein unglaublich starker Mann und zog mich aus dem Wasser. Er trug mich zum Ufer, setzte mich ab und lief dann die ganze Strecke neben mir bis zu der Stelle, wo meine Eltern saßen (die starke Strömung hatte mich ein ganzes Stück strandabwärts getrieben).

Ich rannte zu meinem Vater und fiel ihm vor Freude und Erleichterung um den Hals, aber weder er noch meine Mutter konnten den Mann sehen, der mich begleitet hatte. Als ich meinem Vater erzählte, was passiert war, stand er auf und machte sich auf die Suche nach dem Mann, um sich bei ihm zu bedanken. Er wurde jedoch nie gefunden.

Heute weiß ich, dass mein geheimnisvoller Retter ein Engel gewesen ist, den Gott geschickt hatte, um mich dem sicheren Tod zu entreißen. Obwohl ich nur ein Kind war, hatte ich gespürt, dass er mich mit übernatürlicher Kraft aus dem Wasser gezogen und zum Ufer getragen hatte. Seine Anwesenheit wirkte angenehm und beruhigend auf mich. Er schien nur eine Absicht zu haben, mich sicher zu meiner Familie zurückzubringen. Dieses Erlebnis erinnert mich immer wieder daran, dass Gott einen Plan für mich und mein Leben hat. Der Begriff „Schutzengel" hat seitdem eine besondere Bedeutung für mich.

Juli Catlin

Wenn uns bewusst wird, dass es himmlische Wesen gibt, die Tag für Tag in das Leben der Kinder, die uns anvertraut sind, eingreifen, lassen unsere Ängste und Sorgen um sie nach.

Die meisten Eltern können die Sorge der Mutter in der folgenden Geschichte nachempfinden, als sie ihre kleine Tochter das erste Mal in der Obhut einer noch relativ neuen Freundin zurückließ.

. . . . . .

Engel wachen über unseren Kindern

Als meine Tochter noch sehr klein war, schloss ich mich einer Krabbelgruppe an. Auch zwei andere Mütter, die ich bei einer Bibelstunde kennengelernt hatte, gingen dorthin. Wir wechselten uns als Gastgeber ab, damit jede von uns einmal in der Woche zwei Stunden freihaben konnte und die Kinder eine Möglichkeit hatten, miteinander zu spielen. In der besagten Woche war eine der anderen Mütter die Gastgeberin, und so fuhr ich dorthin, um meine dreijährige Tochter Clare bei ihr abzugeben.

Nachdem wir bei dem hübschen, zweistöckigen Backsteinhaus angekommen waren, bot die Gastgeberin an, mir die Zimmer zu zeigen. Das Spielzimmer befand sich im oberen Stockwerk. Mir fiel auf, dass das geöffnete Fenster nicht vergittert war. Ich war um die Sicherheit der Kinder besorgt, weil sie in diesem Zimmer spielen sollten, beruhigte mich aber mit dem Gedanken, dass sie ja gut beaufsichtigt wurden. Leise sprach ich ein Gebet und bat Gott, dass er seine schützenden Engel schicken möge, damit sie auf die Kinder aufpassten.

Dann brach ich auf, um meine beiden Freistunden zu genießen, hatte aber die ganze Zeit über wegen des geöffneten Fensters ein mulmiges Gefühl. Schließlich beschloss ich, etwas früher zurückzukehren, um nach Clare zu sehen. Ich fuhr in die Einfahrt und sah sofort, dass die Kinder aus dem Fenster des Spielzimmers lehnten, das sich direkt über der asphaltierten Einfahrt befand. Panik stieg in mir hoch, aber dann sah ich plötzlich noch etwas: Ein riesiger, durchsichtiger Engel stand vor dem Fenster. Der Engel war so groß wie die beiden Stockwerke des Hauses. Mit seinem Körper blockierte er das geöffnete Fenster, sodass es absolut unmöglich war, dass die Kinder herausfielen.

Ich hatte schon immer dafür gebetet, dass Gott Clare durch seine Engel schützen möge. Dies war wahrhaftig eine Antwort auf mein Gebet. Die Erinnerung an diesen prachtvollen Engel ist heute noch genauso lebendig wie damals.

Patti Little

Diese außergewöhnliche Begebenheit ist ein beeindruckendes Zeichen dafür, wie Gott unsere aufrichtigen Gebete für Kinder beantwortet. Der riesige, durchsichtige Engel blockierte mit seinem eigenen Körper das geöffnete Fenster. Wie beruhigend muss es für Patti gewesen sein, als sie begriff, dass ihre Tochter jederzeit unter dem Schutz eines mächtigen Engels stand.

Viele dieser Geschichten haben den Gedanken gemeinsam, dass auf jedes Stoßgebet für ein Kind, das sich gerade in Gefahr befindet, die Reaktion eines Engels folgt. Es besteht kein Zweifel daran, dass die Engel, die unsere Kinder beschützen sollen, gegenwärtig sind, egal, ob wir sie sehen können oder nicht. Das beweist auch die folgende Geschichte.

. . . . . .

Ein Engel rettet Jesse

Mein Sohn Jesse war neun Jahre alt, als sich das folgende Ereignis zutrug. Man sagt, Katzen haben sieben Leben. Wäre mein Sohn eine Katze, wäre das jetzt sein sechstes Leben, denn eines Tages spielte Jesse, wie ich annahm, oben in seinem Zimmer. Da hörte ich ihn auf einmal schreien, doch der Schrei schien von draußen zu kommen. Deshalb rannte ich in den Hof und was ich dort sah, ließ mir das Herz in die Hose rutschen. Mein Sohn hing nur noch mit den Fingerspitzen am Dach des zweieinhalbstöckigen Gebäudes, in dem wir damals wohnten.

„Hilf mir, Mama! Ich kann mich nicht mehr halten!"

Verzweifelt überlegte ich, was ich tun sollte. Ich hastete ins Haus zurück, riss ein Polster vom Sofa und stürzte wieder nach draußen.

Die ganze Zeit über rief ich: „Gott, hilf uns!"

Augenblicke später konnte Jesse sich nicht mehr halten, und er fiel hinunter, geradewegs auf die asphaltierte Einfahrt zu. Doch wie durch ein Wunder verlangsamte sich plötzlich sein Tempo – ungefähr auf halber Strecke –, und sein Körper schwebte in Zeitlupe wie eine Feder zu Boden. Schließlich landete er sanft auf beiden Füßen. Ich konnte nicht glauben, was ich gerade gesehen hatte.

Immer noch unter Schock rannte ich ihm entgegen und nahm ihn in den Arm. Dann untersuchte ich ihn kurz und stellte fest, dass er keinen Kratzer abbekommen hatte. Er war vollkommen in Ordnung.

Was er dann sagte, verblüffte mich: „Danke, Mama, dass du mich aufgefangen hast."

„Ich habe dich nicht aufgefangen", erwiderte ich. „Das war jemand anders."

Ich danke Gott für Jesses starken Schutzengel.

Dixie Gordon

„Gott, hilf uns!" Dieser kurze, verzweifelte Ruf einer verängstigten Mutter hatte zur Folge, dass ein Engel ihren Sohn rettete. Unsichtbare Arme fingen Jesse auf und ließen ihn sanft zu Boden gleiten. Ich habe schon oft überlegt, ob die Schutzengel der Kinder Gott wohl manchmal um eine andere Aufgabe bitten, denn sie haben so viel zu tun.

Haben Sie jemals Ihr Kind aus den Augen verloren und wussten nicht mehr, wo es ist? Das ist eine entsetzliche Erfahrung. Die folgende Geschichte handelt von der kleinen Clare (über die ich an früherer Stelle schon berichtet habe), von ihrer verzweifelten Mutter und von riesigen Schutzengeln, die die gesamte Nachbarschaft im Blick hatten.

......

Nachbarschaftsengel

Vor einigen Jahren ist in unserer Nachbarschaft ein Zeitungsjunge entführt worden. Das Verbrechen wurde bis heute nicht aufgeklärt. Kurz nachdem dies geschehen war, und die Angst allen Eltern noch im Nacken saß, hatte ich ein furchtbares Erlebnis mit Clare. In unserer Nachbarschaft gab es sehr viele kleine Kinder, und es war üblich, dass sie sich gegenseitig besuchten und im Garten ihrer Freunde spielten.

Eines Nachmittags konnte ich Clare nirgendwo finden, obwohl ich sie überall suchte. Schon bald kamen die Nachbarn hinzu und halfen bei der Suche mit. Nirgends war eine Spur von ihr zu entdecken. Völlig verzweifelt rief ich schließlich die Polizei an, die dann einen Beamten zu unserem Haus schickte.

Während ich noch mit ihm sprach, fand endlich ein Nachbar Clare unter einer Liege im Wohnzimmer. Sie lag dort zusammengekauert gegen die Wand gedrückt und versteckte sich.

Später an diesem Tag, als ich Gott dafür dankte, dass Clare in Sicherheit war, durfte ich eine Schar von Engeln sehen, die alle Häuser in unserer Nachbarschaft umringten. Ich sah, wie sie über den Bäumen schwebten, von wo sie einen panoramaartigen Blick über das gesamte Gebiet hatten.

Die Anwesenheit der Engel gab mir eine tiefe Sicherheit und Frieden, sodass ich alle meine Ängste loslassen konnte. Ich habe die Engel danach nie wiedergesehen, aber ich spüre immer noch, dass sie da sind.

Patti Little

Schutzengel beschützen Kinder in gefährlichen Situationen. Sie können jedoch auch Frieden, Trost, Kraft und die dringend benötigte Ruhe bringen.

Der Verlust einer geliebten Freundschaft kann für jeden ein niederschmetterndes Erlebnis sein, besonders aber für einen Teenager. Um diese Zeit zu überstehen, braucht man einen treuen Freund, der einem hilft, seinen Weg durch das Labyrinth von widersprüchlichen Gefühlen, Versuchungen und Zwängen zu finden. Der Verlust, den Lily erlebte, zog sie in eine Dunkelheit hinein, aus der nur Gott und seine Engel sie retten konnten.

. . . . . .

Ein helles Licht für eine verlorene Seele

Obwohl ich viele Freunde habe, gibt es nur eine Person, die ich als meine beste und treueste Freundin betrachte. Tara und ich lernten uns in der Highschool einer kleinen Stadt im Süden Kaliforniens kennen. Sie war so oft bei mir zu Hause, dass sie für mich fast schon wie eine Schwester war. Wir hatten ein tolles Verhältnis zueinander und unterstützten uns gegenseitig.

Eine solche einzigartige Freundschaft war für eine Schülerin wie mich wie ein wahr gewordener Traum. Doch als Tara mir erzählte, dass sie in zwei Tagen weit weg ziehen würde, wurde dieser Traum jäh zerstört. Ich begann zu weinen und fragte sie, warum sie mir das nicht früher gesagt hätte.

„Ich wollte dich nicht verletzen", erklärte sie. „Aber jetzt konnte ich es nicht länger hinausschieben und musste es dir sagen."

„Wir werden doch trotzdem Freunde bleiben, oder?"

„Aber natürlich! Wir sind Schwestern, das weißt du doch!"

Ihren letzten Abend in der Stadt verbrachte sie bei mir. Am nächsten Morgen holten ihre Eltern sie ab. Meine beste Freundin ging weg und das war mehr, als ich ertragen konnte. Ich fing an, unkontrolliert zu schluchzen. Als ich das Auto davonfahren sah, dachte ich, meine Tränen würden niemals aufhören zu fließen.

Nach diesem Tag verfinsterte sich alles Gute in meinem Leben. Ich spürte, wie ich immer verzweifelter wurde. Es dauerte nicht lange, und ich reagierte mit einem selbstzerstörerischen Verhalten. Ich war nachts lange unterwegs und feierte wilde Partys mit neuen Freunden. Die meiste Zeit verbrachte ich damit, mich in einen Rauschzustand zu versetzen.

Während dieser „dunklen Phase" schrieb Tara mir eine SMS, die nur aus drei einfachen Worten bestand. Doch als ich sie las, ging mir das Herz auf: „Ich vermisse dich."

Ich war nie besonders religiös gewesen, aber an diesem Abend betete ich schluchzend zu Gott und bat ihn, mir meine Schwester nach Hause zu schicken. Dann erinnerte ich mich an ein paar Sonntagsgottesdienste, die ich als Kind besucht und bei denen ich immer nur halbherzig zugehört hatte. Ich bereute meine zerstörerischen und schädlichen Entscheidungen und bat Gott, mir zu vergeben. Irgendwann schlief ich ein, das Gesicht im tränennassen Kissen vergraben.

Am nächsten Morgen wachte ich auf und spürte, dass in meinem Zimmer etwas Seltsames geschah. Nur einen Meter vom Fußende meines Bettes entfernt sah ich ein hell leuchtendes Licht. Ich starrte es voller Ehrfurcht an. Kurze Zeit später verblasste das Licht.

Auf einmal spürte ich einen tiefen Frieden. Ich fühlte mich sauber und rein und war das erste Mal seit Monaten glücklich. Dann wurde mir auf einmal bewusst, dass ich nicht, wie gewöhnlich, zu meiner Morgenzigarette griff. Normalerweise rauchte ich gleich zwei davon, wenn ich wach wurde. Aber jetzt hatte ich plötzlich gar kein Verlangen danach! Ich lächelte, als mir klar wurde, dass mein Gebet erhört worden war. Erneut begann ich zu weinen, aber dieses Mal vor Freude. Ich dankte und lobte Gott. Nie wieder würde ich an seiner Macht und Gegenwart in meinem Leben zweifeln.

Война das leuchtende Licht ein Engel gewesen, den Gott gesandt hatte, um mich zu heilen? Jedenfalls wurde ich in seiner heiligen Gegenwart völlig umgekrempelt. Statt Schmerz und Zorn fand ich zu einer neuen Liebe, zu Frieden, Hoffnung und Glück.

Ein Jahr nach dieser lebensverändernden Erfahrung klingelte es an der Tür. Ich öffnete und dort stand zu meinem Erstaunen Tara! Sie hatte ein breites Lächeln auf dem Gesicht. Ich schrie vor Freude laut auf. Sie brachte mir die gute Nachricht, dass sie nun für immer in der Stadt bleiben würde. Ich war Gott unendlich dankbar, dass er mir meine beste Freundin wiedergebracht und mich von meinen Abhängigkeiten völlig frei gemacht hatte. Ich bin froh, dass er mich so sehr liebt.

Lily Gonzalez

Lily hat gebetet und Buße getan, und deshalb schickte Gott ihr einen leuchtenden Engel des Lichts, um sie von ihren zerstörerischen Abhängigkeiten zu befreien. Sie wurde frei von Scham und Schuldgefühlen und fand stattdessen Gottes Vergebung, neuen Frieden und Freude. Ein Jahr später bekam sie sogar ihre beste Freundin zurück.

In den letzten Jahren habe ich viele seelsorgerliche Gespräche mit Familien geführt, in denen Eltern mit Schuldgefühlen zu kämpfen hatten, weil die Wut gegenüber ihren Kindern außer Kontrolle geraten war. Diese Wut wird oft durch stressige Situationen hervorgerufen. Alte Wunden aus der Kindheit und die fehlende Fähigkeit, Wut angemessen auszudrücken, können ebenfalls zu solchen Wutausbrüchen beitragen. Der folgende Bericht ist für uns eine eindrucksvolle Mahnung, uns bei der Betreuung von Kindern unbedingt auf Gottes überreiche Gnade zu verlassen.

. . . . . .

Die Wut einer Mutter und die Reaktion eines Engels

Nach einem anstrengenden Tag verlor ich abends die Beherrschung, als meine drei Söhne ins Bett gehen sollten. Meine Wut geriet völlig außer Kontrolle und leider musste mein ältester Sohn Mercer sich die meisten meiner Schimpftiraden anhören.

Am Schluss sagte ich so etwas wie: „Und jetzt alle Mann ab ins Bett! Sofort!"

Nachdem ich mich etwas beruhigt hatte, ging ich wie immer in jedes Kinderzimmer, um mit den Kindern noch ein Gute-Nacht-Gebet zu sprechen. Nathan teilte sein Zimmer mit seinem Zwillingsbruder Sam. Nathan drückte seinen weißen Kuschelhasen an sich und fragte: „Mama, weißt du, was Mercers Schutzengel macht, wenn du ihn so anschreist?"

Überrascht fragte ich ihn: „Nein, was macht er denn?"

Nathan antwortete: „Er kniet sich zwischen dich und Mercer und betet: ‚Gott, bitte hilf ihr, dass sie aufhört, Mercer anzuschreien.' Mama, ich weiß, dass du von Mercer genervt bist, aber du musst doch nicht so wütend werden. Das verletzt Gott und die Engel – und Mercer auch."

Seine einfachen Worte trafen genau ins Schwarze. Augenblicklich fühlte ich mich schuldig und sagte mit Tränen in den Augen: „Ich habe euch Unrecht getan. Danke, dass du mir erzählt hast, was du gesehen hast."

Nathan erwiderte: „Mama, du musst dich bei Mercer entschuldigen."

Als ich in Mercers Zimmer kam, lag er auf dem Bett und weinte. Er schluchzte: „Mama, ich weiß, dass ich böse bin. Aber du darfst nicht so gemeine Sachen zu mir sagen und mich dabei so anschreien."

Tief bekümmert bat ich Mercer um Entschuldigung und sagte ihm, wie leid es mir tat, dass ich vor ihm und seinen Brüdern so laut geworden war. Ich danke Gott für seine heiligen Engel.

Joe Carol Thorp

Stellen Sie sich einmal den mächtigen, strahlenden Engel vor, wie er zwischen dem verängstigten Kind und seiner wütenden Mutter kniete. Während er Mercer vor den Auswirkungen der negativen Worte schützte, flehte er gleichzeitig Gott an, dass die Mutter damit aufhört. Eine der Hauptaufgaben von Engeln besteht darin, uns vor Schaden zu bewahren und uns zu schützen. Das Gebet des Engels brachte wieder Barmherzigkeit, Frieden und Vergebung in die Familie zurück. Nathan, der Mercers Engel sehen durfte, konnte seiner Mutter zu verstehen helfen, wie traurig sie waren, weil sie ihre Wut so an ihnen ausgelassen hatte.

Vielleicht mussten Sie beim Lesen der Geschichte an eine Begebenheit denken, wo Sie selbst die Beherrschung verloren und dadurch ein Kind, Ihren Partner oder einen Freund verletzt haben. Möglicherweise hat die Beziehung dadurch einen Riss bekommen. Rückblickend werden wir dann daran erinnert, wie sehr wir die heilende Kraft Gottes und seine Liebe in unseren Beziehungen brauchen. Wenn wir noch einmal in eine solche Situation geraten, sollten wir daran denken, dass wir von Engeln umgeben sind, die für uns beten.

Ein junges Mädchen befindet sich in einer gefährlichen, lebensbedrohlichen Situation, aber ihre Großmutter, die spürt, dass sie Hilfe braucht, fängt an, um himmlischen Beistand zu beten.

. . . . . .

Das Gebet einer Großmutter

Als ich dreizehn war, fuhr ich mit der Familie meiner Freundin zusammen in einen Strandurlaub. An den ersten beiden Tagen waren wir enttäuscht, weil es draußen so regnerisch und kalt war, doch am dritten Tag kam endlich die Sonne hervor. Meine Freundin und ich ignorierten jegliche Warnungen vor gefährlichen Strömungen und wir stürzten uns begeistert in die hohen Wellen. Unterdessen betete meine Großmutter zu Hause für mich. Wir haben ein sehr enges Verhältnis zueinander und sie spürte, dass etwas nicht in Ordnung war.

Immer wieder warfen wir uns in die riesigen Wellen und dabei wurden wir auseinandergetrieben. Auf einmal merkte ich, dass ich in der tosenden Flut ganz alleine war. Meine Freundin rief mir zu, dass ich viel zu weit draußen sei. Ich drehte mich zum Ufer um und sah, dass es sehr weit von mir entfernt war. Dann spürte ich plötzlich keinen Boden mehr unter meinen Füßen, und ich begann zu schreien. Ich konnte kaum atmen, weil die Wellen immer wieder über meinen Kopf schlugen und mich nach unten zogen. Ich dachte, ich würde sterben.

Aus dem Nichts tauchte auf einmal ein Mädchen hinter mir auf und rief mir zu: „Du schaffst das! Gib mir deine Hand!"

Ich griff nach ihrer ausgestreckten Hand und sie zog mich behutsam bis zum Ufer. Weinend und hustend lag ich im Sand, aber als ich aufsah, um mich bei ihr zu bedanken, war sie verschwunden. Ich bin absolut überzeugt, dass sie mein Schutzengel war, der mich vor dem Untergang bewahrt hat.

Jessica McClellan

Ein Engel in Gestalt eines Teenagers hatte Jessica sanft, aber bestimmt zurück ans sichere Ufer geführt und dabei tröstend und beruhigend auf sie eingeredet. Gott sei Dank gibt es betende Großmütter!

„Der Engel des Herrn stellt sich schützend vor alle, die Gott ernst nehmen, und bringt sie in Sicherheit" (Psalm 34,8). Welch ein wundervolles Bild von Engeln, die uns umgeben und sich schützend vor uns stellen. Wir sollten Gott jeden Abend und jeden Morgen darum bitten, uns und alle, die uns ans Herz gewachsen sind, zu beschützen.

In der nächsten Geschichte erfahren wir, wie durch die stille und unauffällige Gegenwart eines Engels in menschlicher Gestalt eine Familientragödie verhindert wird, weil der Engel genau im richtigen Moment erscheint.

. . . . . .

Ein Engel rettet ein kleines Kind

Als ich noch klein war, spielte ich gerne bei uns in der Einfahrt im Kies. Ich liebte es, die kleinen Steinchen zu einem provisorischen Sandkasten zu formen. Eines Morgens eilte mein Vater aus dem Haus, sprang in sein Auto und legte den Rückwärtsgang ein. Er hatte mich nicht bemerkt. Doch kurz bevor die Räder mich überrollten, sah er plötzlich im Rückspiegel einen Mann. Der Mann sah ihn an und zeigte auf die Stelle, wo ich saß. Neugierig stieg mein Vater aus, um nachzusehen. Dort saß ich und spielte selbstvergessen mit den Kieselsteinen. Mein Vater schämte sich, dass er mich nicht gesehen hatte. Er war froh, dass der Mann genau im richtigen Moment vorbeigekommen und ihn auf mich aufmerksam gemacht hatte.

Viele Jahre später saß ich mit meinem Vater am Frühstückstisch und wir sprachen über den Vorfall. Ich wollte wissen, ob er sich bei dem Mann bedankt hatte.

Mein Vater verneinte und sagte: „Als ich aus dem Auto stieg, war er verschwunden."

Wir stockten und warfen uns einen vielsagenden Blick zu. Uns war mit einem Mal klar, dass niemand innerhalb von den wenigen Sekunden, die mein Vater zum Aussteigen gebraucht hatte, so einfach verschwinden kann. Das Einzige, was wir daraus schließen konnten, war die Tatsache, dass Gott einen Engel gesandt hatte, um meinen Vater zu warnen. Auf diese Weise wurde ein schreckliches Unglück verhindert.

Karen Alban

Aus zahlreichen Geschichten von Engeln wissen wir, dass sie oft nicht mehr zu sehen sind, sobald sie ihren Auftrag erfüllt haben. Karen und ihr Vater erkannten erst Jahre später, dass der Mann, der ihr das Leben gerettet hatte, ein Engel Gottes gewesen war.

Vom Anfang unseres Lebens an hat Gott auf uns Acht und wacht liebevoll über uns. Solange wir leben, schickt er seine mächtigen Engel, dass sie uns beschützen, bis wir einmal bei ihm sind.

Engel sollen uns beschützen

Gott, unser Vater,
du Gott der Liebe und des Erbarmens,
fülle uns mit deiner Freundlichkeit und Güte.
Verändere unsere Herzen und mach uns zu
Gefäßen deiner Liebe.
Schick uns deine mächtigen Engel des Friedens,
dass sie unseren Weg erhellen und uns trösten,
uns auf jedem Schritt begleiten, bis wir
bei dir ankommen und in deine wartenden
Arme fallen.
Amen.

Dieses alte Kirchengebet aus Europa ist im Mittelalter entstanden. Eine große Mehrheit der Christen findet Trost in der Lehre der Kirche, dass jeder Mensch seit seiner Empfängnis einen Schutzengel hat, der ihn auf allen seinen irdischen Wegen bewahren soll. Es gibt heute unzählige Berichte von mächtigen Lichtwesen oder von geheimnisvollen Fremden, die plötzlich auftauchen, um Menschen aus gefährlichen Situationen zu retten. Solche Engelsgeschichten habe ich über Jahre gesammelt. Sie sind der überwältigende Beweis, dass Schutzengel in unserem Leben aktiv eingreifen, wie auch die folgende Geschichte zeigt.

. . . . . .

Der Engel im Reisebus

Meine Schwester Barbara, die mit ihrem ersten Kind schwanger war, befand sich auf der Rückreise von Winter Haven in Florida nach Alabama. In Tallahassee musste sie in einen anderen Reisebus umsteigen, der dann um 16 Uhr in Dothan ankommen sollte. Doch sie verpasste den Bus und musste auf den nächsten warten, der erst um Mitternacht sein Ziel erreichen würde.

Inzwischen hatten unser Pastor und seine Frau meine Mutter zum Bahnhof nach Dothan gefahren, um meine Schwester dort abzuholen. Als sie dort nicht ankam, riefen sie am Busbahnhof in Tallahassee an. Sie ließen Barbara ausrufen, um ihr mitzuteilen, dass sie erst am nächsten Morgen den Bus nach Dothan nehmen und nicht mit dem Mitternachtsbus fahren solle. Aber diese Nachricht erreichte sie nicht, und so nahm sie den späten Bus. Kurz nachdem die Fahrgäste zum Einsteigen aufgefordert wurden, setzte sich eine Dame am Busbahnhof neben sie. Weil meine

Schwester sehr schüchtern ist, sprach sie nicht mit ihr, sie fragte sie nur, wohin sie fuhr. Wie der Zufall es wollte, hatten sie dasselbe Ziel: Dothan.

Auch im Bus setzte sich die Dame neben Barbara. Während der Fahrt sprachen sie wieder nicht miteinander, aber Barbara kann sich erinnern, dass sie sich in ihrer Nähe wohl und sicher fühlte. Bei ihrer Ankunft um Mitternacht waren sie die einzigen Menschen, die dort am Bahnsteig in der Dunkelheit warten mussten. Barbara fand es merkwürdig, dass niemand die Dame abholte, aber sie dachte zu diesem Zeitpunkt nicht wirklich darüber nach. Sie war vielmehr darum besorgt, wie sie selbst nach Hause kommen sollte, denn auch auf sie wartete niemand.

In einer Parklücke sah sie ein einsames Auto stehen, in dem ein Mann saß. Er stieg aus, kam auf Barbara zu und fragte sie, ob er sie nach Hause fahren solle. Sie stieg ein und setzte sich auf den Vordersitz. Die Dame stieg ebenfalls ein und rutschte zu ihr auf den zweiten Vordersitz. Dort raunte sie ihr zu, dass sie sich neben ihr sicherer fühlte.

Während sie so unterwegs waren, streckte der Mann seinen Arm aus und legte die Hand auf Barbaras Bein. Sie zuckte zurück und rückte sofort ein Stück von ihm weg. Für den Rest der Fahrt herrschte angespannte Stille im Auto. Barbara hatte große Angst.

Zu Hause angekommen, sprangen Barbara und die Frau so schnell sie konnten aus dem Wagen. Immer noch zitternd sah Barbara dem Auto hinterher, das in der Dunkelheit davonbrauste. Sie drehte sich um, um der Frau neben ihr zu danken. Doch sie war nicht mehr da.

Ich weiß, dass meine Mutter in jener Nacht kaum schlafen konnte. Stattdessen hat sie gebetet, dass Gott seinen Engel schicken und ihre Tochter sicher nach Hause bringen würde.

Kathryn Hickman

Eine tief besorgte Mutter betete für die Sicherheit ihres Kindes. Gott antwortete, indem er eine „Dame" schickte, die Barbara auf ihrer nächtlichen Reise begleiten und ihr Trost, Frieden und Sicherheit schenken sollte. Sobald Barbara sicher zu Hause angekommen war, war auch der Engel verschwunden.

. . . .

Die Engel im Traum

Meine erste Begegnung mit Engeln hatte ich in meinem ersten Jahr als frischgebackener Christ. Ich war gerade zu Besuch bei einer gläubigen Frau. Wir saßen in der Küche, als sich plötzlich die Fliegengittertür von alleine öffnete und wieder schloss. Es war eine Tür, bei der das Scharnier quietscht, wenn man sie öffnet, und die danach mit einem lauten Knall wieder zufällt. Ich hatte niemanden hereinkommen oder hinausgehen sehen, deshalb fragte ich nach. Meine Gastgeberin meinte nur, dass es wohl ein Engel gewesen sei.

Kaum hatte sie zu Ende gesprochen, musste ich an meinen Traum eine Nacht zuvor denken. In ihm stand ich auf der Spitze eines Berges. Meine räumliche Sehkraft war außergewöhnlich gut, und ich konnte sehr weit sehen. Neben mir spürte ich die Gegenwart eines Wesens, von dem Kraft und Frieden ausgingen. Sein Arm lag um meine Schultern. Aus den Augenwinkeln konnte ich sein Gewand sehen, das so hell wie ein Blitz leuchtete, aber ich wagte es nicht, ihm ins Gesicht zu blicken. Als ich schließlich doch an ihm hochsah, erkannte ich, dass es ein Engel war, und es verließen mich meine Kräfte und ich fiel zu Boden. Mein ganzer Körper fühlte sich taub an, und ich hatte das Gefühl, keine Kontrolle mehr über ihn zu haben. Der Engel legte seine Hände auf meine Schultern, und im selben Augenblick konnte ich wieder aufrecht stehen.

Er sprach zu mir und sagte, er wolle mir ein paar unterschiedliche Blickwinkel auf mein Leben zeigen. Dann drehte er mich um. Vor mir standen drei riesige, halb durchsichtige Bildschirme. Ich kam mir vor wie im Kino. Der linke Bildschirm zeigte meine Vergangenheit, der mittlere die Ereignisse in der Gegenwart und der rechte die Zukunft. Das Bild auf dem rechten Bildschirm war verschwommen – wie ein 3D-Film ohne Brille. Während der Engel mein Leben kommentierte, änderte er seine Sprache. Zuerst hatte ich ihn Englisch sprechen hören, doch dann sprach er eine fremde Sprache, die ich irgendwie trotzdem verstehen konnte.

Kurz bevor unsere ungewöhnliche Begegnung zu Ende war, erklärte er mir, dass es noch andere Engel gab, die über mir wachten. Im selben Augenblick erschienen zwei weitere Engel vor mir. Einer der beiden hatte eine dunkle Hautfarbe und trug einen langen Speer in seiner Hand. Um seinen Hals hing ein Riemen mit Pfeil und Bogen. Ich konnte sein Gesicht nicht erkennen, aber der Schutz und die Sicherheit, die von ihm ausgingen, waren gewaltig. Ich konnte ihn zwar nicht mit meinen physischen Augen sehen, aber seine Gegenwart und die Kraft, die von ihm ausging, waren deutlich zu spüren.

All das hatte ich plötzlich bildlich vor Augen, als ich dort in der Küche saß, und ich war davon vollkommen überwältigt.

Robin Morrison

Wie in Zeitlupe beobachtet ein besorgter Pastor, wie ein Auto auf eine Dame zurast. Da schickt er rasch ein Stoßgebet gen Himmel.

. . . . . .

Ein Engel hob sie empor

Meine Frau Betty und ich gehörten einem Gebetsteam an, das sich an einem wunderschönen Herbsttag in einem hübschen Haus im ländlichen England traf. Am Abend ging ich nach einer intensiven Gebetszeit nach draußen, um ein bisschen frische Luft zu schnappen. Das Haus lag am Rande einer engen Straße, die auf beiden Seiten von einer hohen Böschung gesäumt und durch eine Toreinfahrt vom Haus getrennt war.

Während ich dort stand, beobachtete ich die Lichter eines Wagens, der sich die kurvenreiche Straße des vor mir liegenden Hügels hinaufschlängelte. Plötzlich hörte ich hinter mir, wie sich die Haustür öffnete, und die junge Frau, für die wir soeben gebetet hatten, rannte an mir vorbei. Sie war sehr aufgewühlt, weshalb sie trotz meiner warnenden Rufe den Hügel hinunterrannte, als wäre ein Schwarm Bienen hinter ihr her. Ich wollte ihr folgen, aber da sah ich schon die Scheinwerfer des Autos, das nicht mehr weit von ihr entfernt war. Mir blieb nur noch eines: Ich betete ein hastiges Gebet, dass die Engel nach ihr greifen und sie retten mögen.

Innerhalb der nächsten Sekunden geschah etwas Unglaublliches. Während ich mit Schrecken das Szenario eines scheinbar unausweichlichen Unfalls beobachtete, wurde die Frau mitten auf der Straße emporgerissen, als ob eine unsichtbare Hand nach ihr greifen und sie so am Weiterlaufen hindern würde. Vor meinen Augen wurde sie bis zur Böschung durch die Luft getragen, gerade noch rechtzeitig, bevor das Auto um die Kurve schoss. Ich bezweifle, dass der Fahrer sie überhaupt bemerkt hat.

Im selben Augenblick wusste ich, dass es ein Engel gewesen war, der sie gerettet hat. Ich bin mir sicher, dass es in unserem Leben viele solcher Momente gibt, in denen uns Engel zu Hilfe eilen, ohne dass wir es richtig mitbekommen.

Ronald Bisset

Die unsichtbaren Hände eines mächtigen Engels rissen diese Frau empor, als sei sie ein Kind, und brachten sie aus der Gefahrenzone heraus. Dieser Engel reagierte auf einen kurzen Hilferuf für eine verzweifelte Frau, die sich in einer Notlage befand.

Die meisten von uns gehen davon aus, dass Schutzengel nur den Auftrag haben, sich um Kinder zu kümmern. Es gibt zahlreiche Bilder von Künstlern, die Engel zusammen mit Kindern gemalt haben, was diese irrtümliche Annahme noch verstärkt. Im folgenden Bericht geht es um die wachsame Fürsorge von Engeln für ein älteres Ehepaar, das dringend ihren Schutz bedurfte.

· · · · · ·

Engel in den Flammen

Als unsere Nachbarn, die McMillons, sich an einem kalten, regnerischen Winterabend fürs Bett fertig machten, machte Mrs McMillon ihren Mann Ernest darauf aufmerksam, dass es irgendwie nach Rauch roch. Sie hatten im Ofen ein Feuer gemacht, damit es über Nacht im Haus warm blieb, und eigentlich sollte der Rauch aus dem Schornstein abziehen. Mrs McMillon ist blind, aber ihr sehr gut ausgeprägter Geruchssinn warnte sie, dass etwas nicht in Ordnung war.

Also stocherte Ernest mit dem Schürhaken im Feuer herum und sah sich um, ob irgendwo vielleicht ein glühendes Stück Holz herausgefallen war. Er tastete mit dem Haken sogar das Innere des Ofenrohrs ab, um zu sehen, ob er etwas entdecken konnte. Dann legte er noch ein Stück Holz aufs Feuer, damit ihnen beim Einschlafen nicht zu kalt würde. Er versicherte seiner Frau Ola, mit dem Ofen sei alles in Ordnung. Im Vertrauen darauf, dass keine Gefahr bestand, gingen die beiden schließlich ins Bett.

Sie schliefen friedlich in ihrer bescheidenen Zweizimmerwohnung ein. Die gesamte Wohnung war wahrscheinlich nicht größer als 33 Quadratmeter, und die Außenwände waren mit alten Holz- und Blechresten geflickt. Demzufolge gab es auch keine Isolierung. Das Häuschen hatte zwar so etwas wie ein Dach, aber es war so undicht, dass das Regenwasser in beide Zimmer durchsickern konnte.

Vor einem Jahr hatte ein Nachbar die schlimmsten Stellen am Dach repariert. Doch eine undichte Stelle blieb und sie befand sich direkt am Schornstein des Ofens, der im Schlafzimmer stand.

Als Mr McMillon am nächsten Morgen aufwachte, konnte er trotz seiner eingeschränkten Sehkraft erkennen, dass etwas nicht stimmte. Sein Dach stand in Flammen und das Tageslicht strömte durch die klaffenden Lücken um den Schornstein herum hindurch. Sie riefen die Feuerwehr und die Nachbarn eilten herbei.

Sobald sie das Haus verlassen hatten, wiederholte Mrs McMillon immer wieder: „Die Engel haben über uns gewacht. Die Engel haben über uns gewacht." Das Feuer hatte die ganze Nacht um den Schornstein herum geschwelt. Zum Erstaunen der Feuerwehrleute hatte es sich aber nicht weiter als ein paar Zentimeter weit ausgebreitet. Und währenddessen hatten die McMillons in aller Seelenruhe geschlafen. Sie sind überzeugt, dass Engel das Feuer in Schach gehalten haben.

Irene Ferguson

Wenn uns immer mehr bewusst wird, dass Engel aktiv in unser Leben eingreifen, dann müssen wir manchmal Dinge aus der Vergangenheit, die wir früher als Zufall betrachtet haben, neu interpretieren. Das zeigt auch die folgende Geschichte.

. . . . . .

Getragen von einem Engel

Als Teenager hatte ich einmal während eines Aufenthaltes in den Blue Ridge Mountains im Norden des amerikanischen Staates Georgia ein rätselhaftes Erlebnis. Dort wollte ich einen Baum fällen und als ich ihn fast durchgesägt hatte, brach er durch und fiel in meine Richtung. Mit einem Satz sprang ich zurück, weil ich ihm

51

ausweichen wollte. Es war ein Reflex, bei dem ich normalerweise nicht weiter als etwas über einen Meter gesprungen wäre. Aber dieses Mal schaffte ich mindestens drei Meter. Es war, als wäre ich geflogen.

Während ich den Baum betrachtete, der genau an die Stelle gefallen war, an der ich gestanden hatte, rätselte ich, was eigentlich gerade passiert war. Kein Hauch eines Windes war zu spüren gewesen und ich wusste, wie man einen Baum richtig fällt. Es gab also keinen logischen Grund dafür, warum der Baum in meine Richtung gefallen war.

Jahre später erzählte ich diese Geschichte einem Fliegerarzt der US-Marine, der wie ich Christ war. Er erklärte mir, dass der Mensch nicht mit Muskeln ausgestattet ist, durch die er weiter als ein bis zwei Meter rückwärtsspringen könnte. Er glaubte, dass ein Engel eingegriffen und mich vor einem ansonsten tödlichen Unfall beschützt hatte. Nachdem ich am eigenen Leib den Schutz der Engel erfahren habe, glaube ich, dass Engel sich immer um uns kümmern, egal wo wir sind.

Joe Brundage

Der folgende Bericht einer Frau handelt von einem wunderschönen Skiausflug nach Österreich, der sich aufgrund eines Wetterwechsels in eine Katastrophe verwandelte. In ihrer Not tauchten zwei Besucher auf, die sich wie Engel verhielten und sich fürsorglich um die Frau kümmerten.

······

Abfahrtski

Ich war im österreichischen Innsbruck, wo ich in den Bergen für ein paar Tage Ski fahren wollte. Jeden Tag fuhren wir in ein anderes Gebiet, sodass ich das Gelände und die Pisten immer wieder neu kennenlernen musste. Am dritten Tag verschlechterte sich das Wetter völlig unerwartet von einem Moment auf den anderen. Zu diesem Zeitpunkt befand ich mich gerade ganz oben auf einem Berg, und ich wusste, dass ich in Gefahr war. Da ich eine erfahrene Skifahrerin bin, wusste ich auch, dass ich so schnell wie möglich ins Tal fahren musste. Ich fuhr also los, aber innerhalb von Minuten hüllten mich Schnee und Nebel so sehr ein, dass ich mich nur noch wie durch eine Wand bewegte. Ich konnte kaum noch meine Hand vor Augen erkennen und mir wurde schwindelig, weil ich nicht mehr sehen konnte, ob der Weg nach oben oder nach unten führte. Jede Bewegung war äußerst gefährlich. Die österreichischen Pisten sind schmaler als die amerikanischen und nur schlecht präpariert, was die Lage noch verschlimmert, wenn man in Gefahr ist. Ich hielt an und blieb stehen. Mir war kalt und das Wetter wurde immer schlechter.

Nach ein oder zwei Minuten sah ich überrascht auf. Zwei Männer standen plötzlich vor mir. Ich konnte sie durch den Schnee kaum erkennen, und sie sprachen eine Sprache, die ich nicht verstand. Einer der Männer forderte mich gestikulierend auf, ihm zu folgen. Er drehte sich um und fuhr los. Ich blieb dicht hinter ihm in seiner Spur und konzentrierte mich nur auf seine Ski. Die Zeit erschien mir endlos lang. Schließlich hielt er an und ich erkannte, dass wir den Fuß des Berges erreicht hatten. Als ich mich umdrehte und den Männern danken wollte, waren sie beide spurlos verschwunden. Schnell glitt ich zur nahe gelegenen Skihütte hinüber, um nach ihnen zu suchen. Aber sie waren nirgends zu finden.

Ich glaube, diese beiden Männer waren Engel, die Gott geschickt hatte, um mein Leben zu retten. Ich werde immer und ewig dankbar sein für die Hilfe, die ich an diesem Tag erfahren habe.

Kathe Hanson

Die beiden jungen Männer wurden von niemandem gesehen, außer von Kathe, und sie verschwanden, sobald sie sicher am Ende der Piste angekommen waren. Das ist typisch für Engel, die in menschlicher Gestalt erscheinen. Seit jenem denkwürdigen Tag ist Kathe sich der Existenz von Engeln mehr denn je bewusst, auch in ihrer Tätigkeit als Seelsorgerin. Wenn sie zuhört, wie die Menschen, die zu ihr kommen, ihr von ihren Erlebnissen berichten, für die es keine menschliche Erklärung gibt, erzählt sie ihnen voller Freude, wie die Engel in ihrem persönlichen Leben eingegriffen haben.

Ich habe schon viele Geschichten gehört, in denen Engel aufgetaucht sind und Autounfälle verhindert haben. Manchmal verliert ein Fahrer die Kontrolle über sein Fahrzeug, sodass es ins Schleudern gerät und plötzlich wie durch ein Wunder wieder normal fährt. Oder unsichtbare Hände greifen gerade noch rechtzeitig nach dem Lenkrad, bevor es zum Aufprall kommt.

. . . . . .

Der geheimnisvolle Fahrer

Vor einigen Jahren habe ich zum ersten Mal an einem Gebetstreffen teilgenommen. Ich hatte schon immer Angst vor neuen
Situationen oder davor, neue Leute kennenzulernen. Obwohl ich
bei dem Treffen das Gefühl hatte, dass der Heilige Geist mich
drängte, etwas zu sagen, konnte ich es nicht. Auf dem Heimweg
im Auto dachte ich über die Gründe nach, warum ich so blockiert
gewesen war. Mir fielen zwar ein paar Ausreden ein, sie waren
aber alle nicht stichhaltig.

Bei dem Minibus, in dem ich an diesem Abend fuhr, waren
die Bremsen nicht mehr ganz in Ordnung. Immer, wenn ich anhalten musste, bremste ich deshalb sehr früh, weil der hintere
Teil des Wagens jedes Mal nach rechts ausschwenkte, sobald ich
auf die Bremse trat. Ich war unterwegs auf einer fünfspurigen
Straße. Zwei Spuren führten nach Osten, zwei nach Westen und
dazwischen lag die Mittelspur. Ich fuhr auf der linken Spur und
überholte gerade einen Kleinlaster, als dieser plötzlich auf meine
Fahrbahn wechselte. Der Fahrer sah mich nicht, und so konnte ich
nur noch hupen und auf die Bremse treten.

Im selben Augenblick wurde der Minibus auf unerklärliche Weise in die mittlere Spur gelenkt. Als ich erstaunt durch die Front-
scheibe blickte, sah ich über dem Bus einen riesigen Engel mit ausgestreckten Armen schweben. Mir stockte der Atem. Ich bin mir
absolut sicher, dass dieser Engel mein Fahrzeug bewegt hat.

Da beschloss ich, dass ich beim nächsten Gebetstreffen davon
erzählen würde, wie Gott mich auf so liebevolle Weise beschützt
hat.

Marcia Moore

Eine Mutter und ihre kleine Tochter sind während Thanksgiving mit ein paar Körben voller Nahrungsmittel im Wagen unterwegs und geraten währenddessen in eine Notlage. Nach einem innigen Stoßgebet erscheint auf einmal ein Engel Gottes.

. . . . . .

Der Engel im roten Abschleppwagen

Mein Mann Mike und ich gehörten zur Leitung der Church in the City, einer Vineyard-Gemeinde in Denver, Colorado. Das Thanksgiving-Fest stand vor der Tür und wir schlossen uns mit andern Gemeinden zusammen, um für bedürftige Familien Körbe mit Nahrungsmittelspenden vorzubereiten. Meine Aufgabe war es, die Körbe abzuholen.

Nach einer kurzen Andacht mit meiner fünfjährigen Tochter machten wir uns auf den Weg. In den Tagen zuvor hatte es heftig geschneit, und ich musste langsam fahren, weil die Straßen noch nicht geräumt waren. Ich war spät dran und entschied deshalb, eine Seitenstraße als Abkürzung zu nehmen. Diese Straße schien schon einmal geräumt worden zu sein, und so bog ich ab und fuhr weiter.

Plötzlich sah ich, wie ein Auto vor mir direkt auf mich zufuhr, und ich lenkte nach rechts. Die Straße war eng, und meine Reifen gerieten in einen kleinen Graben. Dabei verloren sie den Halt und drehten durch. Meine Tochter Christen bekam natürlich Angst, aber ich versicherte ihr, dass alles in Ordnung sei. Ich weiß noch, wie ich betete: „O Gott, jetzt könnte ich wirklich einen Abschleppwagen gebrauchen."

Nur wenige Sekunden nach meinem stillen Gebet erblickte ich fassungslos einen roten Abschleppwagen am Ende der Straße und er fuhr auch noch in unsere Richtung. Als das Fahrzeug uns schließlich erreicht hatte, ließ der Fahrer die Scheibe herunter und bot mir sofort an zu helfen. Wir waren über sein freundliches Angebot unglaublich erleichtert.

Er sprang aus dem Wagen, befestigte das Abschleppseil an der Stoßstange meines Autos und zog es aus dem Graben. Ich bedankte mich bei ihm und wollte ihm Geld geben, doch er lehnte ab und sagte, dass er mir gerne geholfen habe. Dankbar ließ ich den Motor an und schaute noch einmal in den Rückspiegel, um nach dem Abschleppwagen zu sehen. Doch der war verschwunden! Ich blickte in jede Richtung, aber ich konnte ihn nirgends mehr entdecken. Da lächelte ich und bedankte mich bei Jesus. Ich wusste, dass ein Engel mir geholfen hatte.

Tina Wurschmidt

Dies ist nicht die einzige Geschichte, die ich über diesen Engel im Abschleppwagen gehört habe. Er scheint auf unseren Straßen alle Hände voll damit zu tun zu haben, verängstigten Fahrern zu helfen, die in Not geraten sind.

Im folgenden Bericht begegnen zwei Männer während eines Wochenendausflugs einem „Automechaniker", als sie unterwegs eine Panne haben.

. . . . . .

Übernatürliche Ermutigung
Nur eine einzige übernatürliche Begegnung kann einen Menschen bis ins Mark treffen und zum Nachdenken bringen. Das habe ich am eigenen Leib erlebt.

An einem Wochenende waren wir mit acht Mann unterwegs zu einem Kanuausflug am Okefenokee Swamp, einem Sumpfgebiet in der Nähe von Fargo in Georgia. Wir hatten uns auf vier Autos aufgeteilt, jedes mit einem Kanu auf dem Dach. Wir waren alle in den Dreißigern, und uns hatte der Ehrgeiz gepackt, die harte, knapp 15 km lange Strecke durch das sumpfige Gebiet bis nach Craven's Hammock zu schaffen.

Ich war zu diesem Ausflug von einer Gruppe von Christen eingeladen worden, die alle etwas Besonderes an sich hatten, was ich jedoch nicht näher beschreiben konnte. In jüngeren Jahren war ich einmal bekennender Christ gewesen, aber dann hatte ich Gott einige Male so sehr auf die Probe gestellt, dass ich mir sicher war, dass er nichts mehr mit mir zu tun haben wollte.

Ich fuhr mit John in seinem alten Geländewagen, und wir waren auf einer Fernstraße außerhalb von Jacksonville in Florida unterwegs, als am Motor plötzlich ein lautes, klirrendes Geräusch zu hören war, so, als ob ein Metallteil sich gelöst hatte. Glücklicherweise war die nächste Ausfahrt nicht weit, und so konnten wir die Fernstraße bald verlassen. Wir hielten an einer alten Tankstelle an, die zu einer Werkstatt umfunktioniert worden war. Mir sprangen sofort die hellblaue Farbe und die darauf gemalte weiße Taube an der Fassade des Gebäudes ins Auge. Genauso sah auch das Nummernschild an Johns Wagen aus.

Ein Mann kam heraus und begrüßte uns. John und er begannen sofort eine fromme Unterhaltung. Dann wollte der Mann eine kurze Strecke mit dem Auto fahren, um herauszufinden, was es mit dem Geräusch auf sich haben könnte.

Als er wieder zurück war, sagte er uns, dass nun alles wieder in Ordnung sei. Ich war misstrauisch, aber der Motor schien einwandfrei zu laufen. Da der Mechaniker kein Geld annehmen wollte, schüttelten wir ihm zum Abschied dankbar die Hand und fuhren davon.

Einige Wochen später war ich wieder auf derselben Fernstraße unterwegs. Ich beschloss kurzerhand, einen Abstecher zu „unserer" Werkstatt zu machen, um mich noch einmal bei dem Mechaniker zu bedanken. Doch als ich von der Straße abbog, sah ich nichts als ein altes, heruntergekommenes Gebäude, von dem die weiße Farbe abblätterte. Der Parkplatz war mit Unkraut überwuchert. Ich blieb trotzdem eine Weile dort stehen und vergewisserte mich, dass ich tatsächlich die richtige Ausfahrt genommen hatte. Und es war wirklich dieselbe.

Ich starrte das Gebäude an, das zwar dasselbe war wie damals, diesmal aber ziemlich abgewirtschaftet aussah und schon seit Längerem nicht mehr bewohnt zu sein schien. Ich war völlig verwirrt. Ich wusste, dass ich erst vor ein paar Wochen dort gewesen war. Wer war der zuvorkommende und hilfsbereite Mann gewesen, der auf rätselhafte Weise unser Auto repariert hatte, indem er einfach nur damit gefahren war? Warum war die Werkstatt nicht mehr blau angestrichen, und wo war die weiße Taube? Hatten wir eine göttliche Begegnung gehabt? Die einzige Erkenntnis, zu der ich gelangte, war, dass dies ein übernatürliches Erlebnis gewesen war.

Skip Allcorn

Skips übernatürliches Erlebnis hat ihm Augen und Herz geöffnet und ihn zu einer tieferen Beziehung mit Jesus Christus geführt. Sowohl der Mechaniker als auch die Werkstatt waren Teil dieser ungewöhnlichen und rätselhaften Begegnung.

Bei einem riskanten Zwischenfall mit einem Auto ruft eine Frau zu Gott um Hilfe. Die Antwort kommt sofort in Gestalt eines Engels.

......

Der Engel im Mustang

Engel erscheinen in allen Formen und Größen, und manchmal nutzen sie wohl auch unerwartete Transportmittel. Dies musste ich an einem Freitagabend auf dem Rückweg vom College feststellen. Ich hatte eine anstrengende Woche in der Schule hinter mir und freute mich auf das Essen, das meine Mutter gekocht hatte, und auf das Gebetstreffen in unserer Gemeinde.

Ich war auf der stets überfüllten Landstraße nach Long Island unterwegs. In meinem alten VW Käfer gab es kein Radio, und so vertrieb ich mir die Zeit, indem ich laut sang und betete.

Einige Zeit später, ungefähr auf halber Wegstrecke, platzte mir kurz vor einer Ausfahrt ein Reifen. Der laute Knall und der Verlust der Kontrolle über den Wagen jagten mir einen riesigen Schrecken ein. Zitternd und verängstigt schaffte ich es, das Auto auf einem Grasstreifen am Straßenrand zum Stehen zu bringen. Ich hatte keinen Plan, was ich tun sollte. Weder Telefonzellen noch Geschäfte waren zu Fuß erreichbar.

Die Sonne ging schon unter, und ich überlegte, ob ich zu Fuß weitergehen sollte. Dabei betete ich: „Herr, entweder schickst du mir einen Engel zu Hilfe, oder ich laufe jetzt los."

Kaum hatte ich die Worte zu Ende gesprochen, hielt ein Ford Mustang neben mir. Ein Mann stieg aus und ich schöpfte wieder Hoffnung. Er öffnete den Kofferraum, holte den Ersatzreifen heraus und begann wortlos meinen Reifen zu wechseln. Innerlich war mir klar, dass das Gottes Antwort auf mein Gebet war.

Als er fertig war, hauchte ich mit Tränen in den Augen ein schwaches „Dankeschön". Ich durchstöberte mein Portemonnaie, fand einen Fünf-Dollar-Schein und wollte ihn ihm in die Hand drücken. Doch er lehnte ab und sagte schlicht: „Stecken Sie das weg. Das nächste Mal, wenn Sie jemanden sehen, der in Not ist, dann helfen Sie ihm." Dann drehte er sich um, stieg in seinen Mustang und fuhr davon.

Überwältigt vor Dankbarkeit stammelte ich: „Herr, du hast mein Gebet erhört und mir einen Engel geschickt, der mir den Reifen gewechselt hat. Vielen Dank dafür." Noch am selben Abend erzählte ich meinen Freunden beim Gebetstreffen von meinem wundervollen Erlebnis.

Geralyn Farley

Auch dieser Engel verschwand rasch aus den Augen von Geralyn, wie das bei Engeln in menschlicher Gestalt oft der Fall ist. Und 40 Jahre später ist sie immer noch dankbar, dass Gott sie so liebevoll beschützt hat.

In der folgenden Begebenheit bereiten sich ein Pilot und sein Passagier schon auf das Schlimmste vor, als plötzlich ein unsichtbarer „Pilot" auftaucht.

Der unsichtbare Pilot

Mit Anfang vierzig besaß ich eine Privatpilotenlizenz und eine kleine französische Zweisitzermaschine, die auch als Spornrad-flugzeug bekannt ist. Bei diesem ungewöhnlichen Modell erfor-dern sowohl Start als auch Landung von dem Piloten ganz beson-ders viel Konzentration.

Mein Flugzeug stand damals in der Scheune eines Bauern in meiner Nachbarschaft, und weil er ebenfalls Pilot war, teilten wir uns einen privaten Landestreifen. Dieser Landestreifen war nicht mehr als eine Fahrbahn in der Mitte eines langen und schmalen Weizenfeldes. Und parallel zur Landebahn standen mehrere Rei-hen ausgewachsener Bäume. Keine beunruhigenden Startbedin-gungen also, doch beim Landeanflug war das nicht ganz unge-fährlich.

An jenem besonderen Tag hatte ich einen älteren Nachbarn mitgebracht, der seinen allerersten Flug wagen wollte. Während unserer Spritztour kreisten wir mit dem Flugzeug eine Weile über seinem Gehöft und über einigen bekannten Orten in der näheren Umgebung. Nachdem wir uns alles von oben angeschaut hatten, machten wir uns auf den Rückweg. Beim Landeanflug stellte ich jedoch erschreckt fest, dass der Windsack am Boden eine drama-tische Änderung der Windrichtung und -stärke anzeigte. Tatsäch-lich stand er sogar so, dass eine sichere Landung zweifelhaft sein würde. Ich beschloss aber, es trotzdem zu versuchen.

Der Anflug klappte gut, bis auf die letzten Sekunden. Der Wind wehte schwach böig und ich merkte, wie das Flugzeug nach links abdrehte und wir schließlich das Weizenfeld abrasierten. Da-raus ergab sich eine gewaltige Bremswirkung. Ich streckte also rasch meine rechte Hand aus, um das Gas wegzunehmen und mit der linken Hand wollte ich den Steuerknüppel zurückziehen. Dadurch wollte ich erreichen, dass wir uns nicht rückwärts überschlagen würden.

Doch dann geschah etwas Außergewöhnliches. Sobald ich mit meiner rechten Hand das Gas herausnehmen wollte, spürte ich eine Hand, die sich auf meine legte und den Gashebel auf Vollgas herauszog. Gleichzeitig legte sich eine andere Hand auf meine Linke und drückte den Steuerknüppel nach vorne, sodass sich das Flugzeug mit der Nase nach vorn legte. Das Ergebnis dieses Manövers war, dass wir aus dem Weizenfeld herausschossen, als würden wir vom Deck eines Flugzeugträgers wegkatapultiert.

Voller Ehrfurcht beobachtete ich, was geschah. Ich hatte keine Kontrolle mehr über das Flugzeug, und wir steuerten auf die Baumallee auf der rechten Seite zu. Wer auch immer die Kontrolle übernommen hatte, lenkte jetzt das Flugzeug scharf nach links und pendelte es dann so aus, dass es erneut an Höhe gewann. In ungefähr 30 Metern Höhe, als das Flugzeug wieder gerade flog, spürte ich, wie die Hände mich losließen und mir wieder die Kontrolle über die Maschine überließen.

Sobald wir wieder an Höhe gewonnen hatten, galt meine erste Sorge meinem Passagier, der von dem ganzen Erlebnis zum Glück ziemlich unbeeindruckt schien.

„Alles in Ordnung", sagte er lässig. „Ganz schön spannend, so ein Flug."

Ronald Bisset

Die Gegenwart des Engels erfüllte beide Passagiere mitten in ihrer Notlage mit einer derart ungewöhnlichen Ruhe, dass der ältere Passagier sogar völlig gelassen sagen konnte: „Ganz schön spannend, so ein Flug!"

Engel trösten uns

Gepriesen sei Gott,
der Vater unseres Herrn Jesus Christus,
der Vater voller Barmherzigkeit, der Gott,
der uns in jeder Not tröstet!

2. KORINTHER 1,3

Engel haben von Gott die Aufgabe bekommen, Menschen zu stärken, zu ermutigen und zu trösten, wenn sie dies brauchen. Ohne ihre liebevolle Anwesenheit hätten viele Menschen keine Hoffnung, wenn sie durch dunkle Zeiten gehen. Durch ihr Mitgefühl und ihre tröstliche Gegenwart fühlen wir uns nicht mehr allein und ungeliebt. Wenn wir in Not sind und andere uns im Stich lassen, füllen Engel diese Lücke aus und schenken uns die Liebe, die nur Gott uns geben kann.

In vielen Engelsgeschichten geht es um dasselbe Thema: Jemand fühlt sich abgelehnt, allein, missverstanden, ängstlich, traurig oder verlassen. Jeder von uns kennt solche Gefühle. In seiner großen Liebe schickt uns unser himmlischer Vater mitten in unseren Schmerz und unsere Verlassenheit seine Engel, damit sie uns trösten und uns Frieden und Kraft schenken.

Als Sarahs geliebter Hund stirbt, ist sie sehr traurig, verzweifelt und hilflos. Da bekommt sie Besuch von einem unsichtbaren Wesen, das ihr Trost und Hoffnung anbietet.

· · · · · ·

Trost in Trauer

Vor einigen Jahren starb mein geliebter Hund Jack, nachdem ich lange um sein Leben gekämpft hatte. Ich wusste, dass ich die Trauer über seinen Verlust irgendwie verarbeiten musste. Aber das war nicht einfach, denn wir waren ein Herz und eine Seele gewesen. Sein Tod war ein sehr traumatisches Ereignis für mich, genauso schlimm, als wäre ein Familienmitglied gestorben. Die meisten Leute schienen kein Verständnis für meine tiefe Verzweiflung zu haben. Deshalb war es mir vor anderen Menschen ziemlich peinlich, dass ich so traurig war. Aber Jack war für mich eben nicht nur ein Hund gewesen, sondern ein Teil meiner Familie.

Drei Tage lang weinte ich Tag und Nacht. Und eigentlich hätte ich wieder zur Arbeit gehen müssen, aber ich konnte mich einfach nicht dazu aufraffen. Das war der Tiefpunkt meines Lebens.

Schluchzend betete ich: „Das ist zu viel für mich, Gott. Bitte, hilf mir doch." Im selben Moment spürte ich, wie der Schmerz nachließ und meine Tränen schlagartig versiegten. Dann merkte ich auf einmal, dass ich nicht allein war. Mein Blick streifte durch das Wohnzimmer, aber ich konnte nichts Ungewöhnliches entdecken. Trotzdem spürte ich einen tiefen Frieden. Auf einmal hatte ich keinen Zweifel mehr daran, dass ich Jack eines Tages im Himmel wiedersehen würde. Warum war ich nicht früher darauf gekommen? Mein Schmerz war plötzlich wie weggeblasen.

Ich glaube, dass damals ein Engel zu mir gekommen ist, um mir den Schmerz zu nehmen und mich an die Ewigkeit zu erinnern. Meine Traurigkeit war innerhalb kürzester Zeit verschwunden. Das konnte nur an Gottes liebevollem Eingreifen liegen.

Und nur kurze Zeit später klopfte es an der hinteren Terrassentür. Vor mir stand Ruth, meine Schwiegermutter, mit einem Blumenstrauß in der Hand. Sie wohnt ungefähr neunzig Minuten von mir entfernt, und ihr Besuch sollte eine Überraschung für mich sein. Ihre Sorge um mich berührte mich tief. Ich danke Gott für die acht wundervollen Jahre mit Jack und für meine liebe Schwiegermutter.

Für beide Geschenke und für all die anderen besonderen Momente, mit denen er mich in meinem Leben bereits gesegnet hat, bin ich ihm sehr dankbar.

Sarah Doohan

Thomas von Aquin schrieb in seinem Werk zum Thema Engel, dass diese die Fähigkeit haben, unsere Gedanken zu erhellen und uns Wahrheiten zu vermitteln. Inmitten von Trauer und Schmerz bekam Sarah Besuch von einem Engel, der sie tröstete und ihr eine Wahrheit offenbarte, nämlich, dass sie ihren geliebten Hund im Himmel wiedersehen würde.

Der große Prophet Elia wurde von einem Engel ermutigt und gestärkt, als er vor Königin Isebel auf der Flucht war. Sie wollte ihn sowie alle anderen Propheten Gottes töten. Um ihr zu entkommen, war Elia in die Wüste geflohen. Er hatte Angst um sein Leben und fühlte sich sehr allein. Die Sonne brannte vom Himmel, und Elia setzte sich unter einen Ginsterstrauch, der dort in der Einöde stand und ihm ein wenig Schatten spenden sollte. Dann gab er auf. Er betete sogar dafür, dass er sterben dürfe, legte sich hin und schlief ein.

. . . . . .

Plötzlich wurde er wach gerüttelt. Ein Engel stand bei ihm und forderte ihn auf: „Elia, steh auf und iss!" Als Elia sich umblickte, entdeckte er neben seinem Kopf einen Brotfladen, der auf heißen Steinen gebacken war, und einen Krug Wasser. Er aß und trank und legte sich wieder schlafen. Doch der Engel des Herrn kam wieder und rüttelte ihn zum zweiten Mal wach. „Steh auf, Elia, und iss!", befahl er ihm noch einmal. „Sonst schaffst du den langen Weg nicht, der vor dir liegt." Da stand Elia auf, aß und trank.
1. Könige 19,5–8

Durch das Essen, das der Engel ihm gebracht hatte, kam Elia sofort wieder zu Kräften. Er fühlte sich so stark, dass er in der Lage war, 40 Tage und Nächte zu wandern, bis er zu einer Höhle kam, in der er eine außergewöhnliche Begegnung mit Gott hatte.

Allem Anschein nach war Elia völlig am Ende. Er hat sogar für seinen Tod gebetet und war bereit gewesen zu sterben. Aber Gott war noch nicht mit ihm fertig.

Während meiner beruflichen Tätigkeit als Psychotherapeutin in unterschiedlichen psychiatrischen Kliniken konnte ich beobachten, dass manche Patienten stundenlang schlafen, weil sie auf diese Weise versuchen, ihre schmerzlichen Erlebnisse zu vergessen. Die Krankenhäuser stellen sogar extra Pflegekräfte ein, die den ganzen Tag damit verbringen, Patienten zu wecken und sie sanft zu ermutigen, das Zimmer zu verlassen und sich zu den anderen Patienten zu gesellen. Oft hören sie dann die flehende Bitte: „Lassen Sie mich doch einfach in Ruhe. Ich will nur schlafen."

Für Menschen, die an einer Depression leiden, oder die extrem niedergeschlagen sind, ist Schlaf eine willkommene Fluchtmöglichkeit. Sogar im Garten Gethsemane, als Jesus seinen Jüngern mitteilte, dass er sie verlassen würde, finden wir dieses Verhalten vor: „Als er dann zu seinen Jüngern zurückkehrte, schliefen sie, erschöpft von ihren Sorgen und ihrer Trauer" (Lukas 22,45).

Die Engel kommen dann, wenn wir Gottes Barmherzigkeit, seine Gnade und Vergebung am dringendsten brauchen. Diese Momente in unserem Leben sind sehr kostbar.

. . . . . .

Ein Engel als Seelsorger

Mein Vater war ein guter Mann, aber er war kein Christ.

Es war Herbst, und er arbeitete gerade auf dem Heuboden unserer Farm. Plötzlich verlor er den Halt und stürzte. Dabei brach er sich das Becken und musste ins Krankenhaus. Weil kein anderes Bett frei war, kam er auf eine Männerstation mit Krebspatienten, die im Sterben lagen. Eines Tages, als ich ihn besuchen kam, erzählte er mir, was in der vergangenen Nacht passiert war.

Er hatte schlaflos im Bett gelegen, und auf einmal wurde er von starken Schuldgefühlen übermannt, weil er bereits seit Jahren einen Groll gegen Menschen hegte, denen er schon längst hätte vergeben sollen. Er berichtete, dass er geweint habe, was für ihn sehr ungewöhnlich war. Während er weinte, kam eine Krankenschwester herein und setzte sich zu ihm ans Bett. Sie hatte sein Weinen gehört und fragte ihn, ob er mit ihr reden wollte. Er nutzte die Gelegenheit und bekannte ihr alles, was ihn belastete. Während er das tat, spürte er, wie die Schwere von seinen Schultern wich. Am Ende des Gesprächs fühlte er sich so erleichtert und glücklich, dass er sie nach ihrem Namen fragte, damit auch ich sie kennenlernen konnte.

Bei der nächsten Schicht war sie nicht da. Deshalb bat mein Vater mich, die Stationsschwester zu fragen, wann sie denn wieder Dienst hätte. Die Stationsschwester blickte auf den Namen, den mein Vater sich notiert hatte, und erklärte mir, dass auf ihrer Station niemand mit diesem Namen arbeitete. Sie sah im Computer nach, weil es hätte sein können, dass diese Schwester auf einer anderen Station arbeitete und nur ausgeholfen hatte. Doch im gesamten Krankenhaus gab es niemanden, der so hieß.

Ich erklärte der Schwester, warum mein Vater ein so großes Interesse daran hatte, sie noch einmal zu sehen. Da erinnerte sich die Schwester an etwas Merkwürdiges, das ihr am Abend vorher aufgefallen war: Die Zimmertür meines Vaters war etwa eine Stunde lang geschlossen gewesen und stand dann plötzlich wieder offen. Sie hatte es sich nicht erklären können, weil sie niemanden ins Zimmer hatte hinein- und auch nicht wieder herausgehen sehen. Ich versuchte, meinem Vater die Situation zu erklären, aber er schien ziemlich verwirrt zu sein, dass der Name seiner abendlichen Besucherin nirgends aufgeführt war.

Nach diesem Erlebnis war mein Vater bereit, Jesus Christus sein Leben anzuvertrauen. Ich werde Gott ewig dankbar dafür sein, dass er ihm seinen Engel in Gestalt einer barmherzigen Krankenschwester gesandt hat, um ihm in seiner Not zu helfen. Ich weiß, dass diese geheimnisvolle Begegnung sein Herz für Jesus geöffnet hat.

Peggy Robinson

Peggys Vater, der sein Leben lang Groll mit sich herumgetragen hatte, spürte plötzlich das Bedürfnis, ein Bekenntnis abzulegen. Gott schickte einen Engel, der ihm zuhörte. In der Gegenwart von Engeln, egal in welcher Gestalt sie auftauchen, kommen wir Gott näher. Dieser Mann wurde nicht nur von seiner Last befreit, sondern er fand auch Rettung in Jesus Christus.

Ein Engel des Trostes in Gestalt eines fürsorglichen Mannes begegnet Patti. Er erinnert sie daran, dass Gott bis in alle Ewigkeit für sie und ihre Familie sorgen wird. Voller Freude öffnet er ihr die Augen für die vielen Segnungen in ihrem Leben.

......

Ein Engel in Disneyland

Vor zwei Jahren machte ich eine sehr schwere Zeit durch. Die Beziehung zu meinem Sohn war zerstört. Ich hatte meine Arbeitsstelle verloren und meine Zukunftsaussichten waren so düster, dass meine Stimmung völlig im Keller war.

In der Hoffnung, mich aufzumuntern, nahm mein Mann mich an meinem Geburtstag mit nach Disneyland. Dies war immer ein Ort gewesen, an dem ich mich glücklich gefühlt hatte. Dort konnte ich wieder Kind sein und alle meine Probleme vergessen. Wie in Disneyland für Geburtstagskinder üblich, trug ich einen Geburtstagsbutton, auf dem auch mein Name stand. Und an jenem Abend schaffte ich es tatsächlich, mich von der fröhlichen Atmosphäre an diesem wundervollen Ort ablenken zu lassen.

Plötzlich stand ein Mann neben mir in der Menge. Er war ungefähr in meinem Alter und hatte ein durchschnittliches Aussehen, aber seine Augen funkelten. Und obwohl ich ihn nicht kannte, war er mir seltsam vertraut.

Er sagte: „Herzlichen Glückwunsch, Patti! Das hier ist alles für dich!"

Ich fand seine Worte ungewöhnlich, also erwiderte ich überrascht: „Oh, Sie haben meinen Namen auf dem Button gelesen. Danke."

Seine Antwort klingt mir immer noch deutlich in den Ohren: „Nein, nein, ich kenne deinen Namen. Wir beide kennen uns schon lange." Er kicherte, und dann war er plötzlich verschwunden. Er war einfach nicht mehr da. Das kam mir zwar alles sehr merkwürdig vor, aber gleichzeitig fühlte es sich auch gut an.

Später, als ich wieder zu Hause war, wurde mir erst wirklich bewusst, dass er ein Bote Gottes gewesen sein musste, vielleicht sogar mein Schutzengel. Gott hatte ihn zu mir geschickt, um mir zu sagen, dass all die schönen Dinge, die ich an diesem Tag erlebt hatte, ein Geschenk für mich waren. In diesem Moment fühlte ich mich so geliebt und besonders, dass meine Depressionen sofort verschwanden.

Ich weiß, dass ich Gott so wichtig bin, dass er mir gerade an diesem Geburtstag, als es mir so schlecht ging, eine besondere Nachricht schicken wollte.

Patti S.

Als der Engel verschwunden war, war Patti von einem solchen Staunen erfüllt, dass sogar ihre Depressionen nachließen und nie wieder zurückkamen.

Die klinische Depression ist ein häufig auftretendes, psychiatrisches Krankheitsbild, von dem 18 bis 20 Prozent der amerikanischen Bevölkerung betroffen ist. In Nordamerika ist sie momentan sogar der häufigste Grund für Arbeitsunfähigkeit. Studien zeigen, dass der Suizid die dritthäufigste Todesursache bei 15- bis 25-Jährigen ist. Die Hauptursache, warum junge Menschen sich das Leben nehmen, sind unerkannte und unbehandelte Depressionen.

Der folgende Bericht macht uns bewusst, wie unzerstörbar und ewig das Band ist, das Engel und Menschen miteinander verbindet. Außerdem werden wir sehen, wie groß die Verzweiflung ist, die viele junge Menschen in ihrer Teenagerzeit empfinden.

Das junge Mädchen, von dem dieser Bericht handelt, gibt offen zu, dass es schon seit Langem an einer unerkannten Depression litt. Bis eines Tages ein Engel bei ihr auftauchte, der sie tröstete, ihr Hoffnung schenkte und sie heilte.

. . . .

Ein Engel tröstet einen Teenager

In der Oberstufe war ich einmal allein zu einer Freizeit in einem Kloster unterwegs und kam ein paar Stunden zu früh dort an. Während ich alleine in der dunklen Cafeteria saß und auf die anderen wartete, kam eine alte Nonne auf mich zu und wollte mit mir reden. Ich hatte schon seit Langem mit Depressionen zu kämpfen, wusste das damals aber noch nicht, und fühlte mich ständig traurig.

Die Nonne sprach nur kurz mit mir, aber mir kam diese Zeit sehr lang vor. Ich weiß nicht mehr genau, was sie gesagt hat, aber ich erinnere mich noch deutlich daran, dass ich mich in ihrer Gegenwart sehr glücklich gefühlt habe. Sie strahlte eine unglaubliche Güte aus. Durch ihre Mut machenden Worte wich alle Traurigkeit von mir.

Dann stand sie auf und sagte, es sei Zeit für sie zu gehen. Ich bat sie, doch noch ein wenig zu bleiben und sich weiter mit mir zu unterhalten. Aber sie lächelte nur und erklärte mir, dass sie sich auf den Weg machen müsse, weil noch jemand anderer mit ihr sprechen wollte, ein junger Mensch wie ich, der viele Kilometer weit entfernt wohnte. Sie sagte, dass das bereits seit Hunderten von Jahren ihre Aufgabe sei. Und dann ging sie.

Ohne ihre Anwesenheit und die Güte, die sie ausstrahlte, kam mir der Raum wieder ganz leer vor. Aber noch heute fühle ich mich durch die Erinnerung daran, wie sie damals in meinen dunkelsten Stunden zu mir kam, getröstet. Noch immer spüre ich die Ehrfurcht, die mich in ihrer heiligen Gegenwart ergriff.

Mary Serino

Für dieses junge Mädchen stand die Zeit still, während der Engel zu ihr kam und ihr diente. Denn die Ewigkeit ist zeitlos. In solchen heiligen Momenten verlieren wir normalerweise das Bewusstsein für Raum und Zeit. Liebe, Freude und Frieden werden uns auf einer geistlichen Ebene durch Engel übertragen und durchdringen dann unser ganzes Sein mit Leben. Diese junge Frau brauchte eine „Lebenstransfusion". Sie brauchte das Licht Gottes, um die Dunkelheit ihrer Traurigkeit zu erhellen.

In der Nähe von Gottes Licht verlieren Depressionen ihre Daseinsberechtigung. So ist es nicht verwunderlich, dass das Mädchen den Engel bat, bei ihr zu bleiben. Wie wohltuend war doch seine mitfühlende Art. Das gibt uns einen flüchtigen Einblick in den unermüdlichen Einsatz, den die Engel für die Kinder Gottes leisten. Marys Geschichte ist eine Bestätigung dessen, dass Engel in Gottes Auftrag erscheinen. Und wenn sie ihre Mission erfüllt haben, kümmern sie sich um die nächste Person, die ihre Hilfe braucht.

. . . . . .

Nathan und sein Schutzengel

Als mein Sohn Nathan vier Jahre alt war, hatte er panische Angst vor Unwettern und vor Hunden. Seine Angst war so groß, dass er sofort an mir hochzuklettern versuchte, sobald ein Hund in

unserer Nähe auftauchte. Ähnlich war es, wenn ein Sturm auf-
zog. Dann zitterte er und weinte und klammerte sich schon beim
leisesten Donnergrollen und bei jedem Blitz eng an uns und wollte in den Arm genommen werden.

Eines Nachts gab es ein besonders heftiges Gewitter. Nathan
konnte nicht schlafen und kam immer wieder zu mir, um sich beruhigen zu lassen. Schließlich ging ich mit ihm in sein Zimmer
und legte mich zu ihm ins Bett. Ich hielt ihn ganz fest, aber er hörte nicht auf zu zittern und zu weinen.

Ich stellte ihm eine Frage: „Nathan, weißt du was? In der Bibel steht, dass du einen Schutzengel hast, der jederzeit Zugang
zu Gott hat und immer bei dir ist. Er hat die Aufgabe, dich zu
beschützen. Komm, wir wollen Gott bitten, dass er dir deinen
Schutzengel schickt und dir zeigt, dass er über dir wacht."

Also betete ich: „Lieber Gott, bitte lass Nathan wissen, dass er
einen Schutzengel hat, der immer da ist, um ihn zu beschützen.
Bitte stell du einen Engel an alle vier Bettkanten, damit sie ihn
beschützen und mit deinem Frieden umgeben. Lass ihn wissen,
dass du ihn liebst, und dass du dich um ihn kümmerst."

Einige Tage später erzählte Nathan mir eine erstaunliche Geschichte.

„Weißt du noch neulich bei dem Sturm, Mama? Nachdem du
aus meinem Zimmer gegangen bist, kamen die Engel und stellten sich neben mein Bett. Und dann kam auch noch Jesus dazu."

„Jesus kam dazu?", fragte ich überrascht. „Wie sah er denn
aus?"

Nathan antwortete: „Er war echt groß. Er hatte so ein Band um-
gehängt, in dem ein Schwert steckte. Er sagte zu mir: ‚Siehst du
die Engel an deinem Bett? Die sind hier, um auf dich aufzupassen.

Und du brauchst auch keine Angst zu haben. Der Sturm wird bald wieder aufhören.'"

Ich hörte meinem Sohn voller Ehrfurcht zu. Dann umarmte ich ihn und sagte fröhlich: „Komm, wir wollen Gott Danke sagen, dass du Jesus und seine Engel sehen durftest!"

Nach jener Nacht hatte Nathan nie wieder Angst vor Unwettern.

Joe Carol Thorp

Dieser Bericht über schützende Engel, und wie Nathans Augen für sie geöffnet wurden, ist erstaunlich. Er konnte auf einmal in die geistliche Welt sehen, damit er die beruhigende Erkenntnis bekam, dass nicht nur Schutzengel, sondern auch Jesus selbst über ihm wachen. Sobald Jesus mit ihm sprach, verschwand seine Angst. Jesus und seine heiligen Engel haben sie vertrieben. Dies ist ein Zeichen dafür, dass Jesus sich tatsächlich auch mit unseren Ängsten beschäftigt. Er will uns immer wieder ermutigen, dass wir ihm vertrauen und ihm glauben, dass er sich jederzeit um uns kümmert. $\longrightarrow$

Eine Freundin erzählte mir, dass sie als Kind unter Asthma gelitten hatte. Asthma ist eine Angst einflößende Krankheit, denn die betroffene Person ist aufgrund von verengten Bronchien nicht mehr in der Lage, normal zu atmen. Oft sind Medikamente notwendig, die die Bronchien erweitern sollen. Unglücklicherweise konnte die Familie meiner Freundin nicht das Geld für dieses lebensrettende Medikament aufbringen, das sie doch so nötig brauchte. Immer, wenn sie als Kind einen Asthmaanfall bekam, setzten ihre Eltern sie im Bett auf und stützten sie mit Kissen, damit sie besser atmen konnte. Oft saß ihre Mutter nachts bei ihr am Bett, um sie zu trösten und mit ihr zu beten. Die lang andauernden Hustenanfälle bei Asthma können manchmal über ein oder zwei Wochen hinweg immer wieder auftreten. Ihre Mutter war dann nach einer solchen Phase ebenfalls sehr erschöpft, weil sie auch keinen Schlaf bekam.

Einmal erklärte ihre Mutter ihr während einer mit Husten erfüllten Nacht, dass sie sich ein wenig hinlegen müsse, weil sie einfach zu müde sei, um noch bei ihr zu bleiben. Nachdem sie das Zimmer verlassen hatte und das kleine Mädchen wieder nach Luft rang, stellte es plötzlich erschreckt fest, dass ein großer, hell leuchtender Engel neben ihrem Bett auftauchte. Der Engel setzte sich in den Schaukelstuhl neben ihrem Bett und begann, dem Mädchen das schönste Schlaflied vorzusingen, das sie jemals gehört hatte. Daraufhin entspannte sie sich allmählich und fühlte sich auf einmal so getröstet und voller Frieden, wie sie es noch nie zuvor erlebt hatte. Kurz darauf normalisierte sich auch ihre Atmung, und sie schlief ein. Seitdem besuchte derselbe Engel sie jedes Mal, wenn sie ihre Asthmaanfälle bekam. In jenen langen Nächten fühlte sie sich stets von seiner friedlichen Gegenwart getröstet.

In der nächsten Geschichte geht es um Carolyn. Während sie eines Tages auf dem Weg zur Arbeit im Auto unterwegs war, schaltete sie das Radio ein, um einen christlichen Sender zu hören. Gerade lief die *Bob Dutko Radio Show*, in der mir der Moderator Fragen zum Thema „Engel" stellte. Während des Interviews erwähnte ich, dass Engel, die in menschlicher Form auftauchen, häufig das Aussehen eines großen, gut aussehenden jungen Mannes mit feurig blauen Augen haben, und dass sie eine große

Liebe, Frieden und Freude ausstrahlen. Nicht lange nachdem Carolyn diese Sendung gehört hatte, sollte sie einem Engel Gottes begegnen, der den Auftrag hatte, ihr ihre Ängste zu nehmen und Frieden zu bringen.

. . . .

Ein beruhigender Besuch

Ich arbeitete an der Kasse eines Kaufhausrestaurants. Der Job war gut, aber wenn nur wenige Gäste kamen, hatte ich viel zu viel Zeit, um über meine Probleme nachzudenken. Ich hatte finanzielle Schwierigkeiten und machte mir außerdem Sorgen um meinen Sohn, der sich von Gott abgewandt hatte.

Eines Tages, als im Restaurant wieder einmal wenig los war, schob ich, ganz in sorgenvolle Gedanken versunken, einem Kunden ein Tablett zu. Ich war gedanklich so abwesend, dass ich mich nicht erinnern konnte, seine Bestellung in die Kasse eingetippt oder sie überhaupt aufgenommen zu haben. Bis zu diesem Zeitpunkt hatte ich ihn noch nicht einmal richtig wahrgenommen. Aber als ich meine Augen aufhob, sah ich, wie er meinen Blick mit feurig blauen Augen erwiderte. Er war sehr groß und hatte ein schönes Gesicht. Auch wenn ich es gewollt hätte, ich konnte meinen Blick nicht von seinen Augen abwenden. Dabei musste ich lächeln und ich fühlte mich plötzlich sehr glücklich. Er stand einfach nur schweigend da, bis er sich umdrehte und sich mit den Worten verabschiedete: „Ich wünsche Ihnen noch einen gesegneten Tag."

Von diesem Tag an kam ich mit vielen Dingen in meinem Leben viel besser zurecht. Ich glaube, dass Gott mir damals einen Engel geschickt hat, um mich wissen zu lassen, dass meine Gebete gehört wurden. Ich sollte wissen, dass ich mir weder um Geld noch um meinen Sohn Sorgen machen musste, sondern dass er Lösungen für mich finden würde. Ich bin Gott jetzt viel näher als vorher und bin viel glücklicher.

Carolyn B.

Am Ende eines sehr herausfordernden Sommers mit vielen Einladungen zu verschiedenen Konferenzen und Tagungen waren Francis und ich sehr erschöpft. Wir sehnten uns nach einer Pause. Bei unserer letzten Konferenz wurde ich als Erste auf die Bühne gebeten, um dort meinen Vortrag zu halten. Und obwohl ich mich sehr über die Gelegenheit freute, über Gottes Königreich zu sprechen, fühlte ich mich körperlich einfach nur erschöpft. Als mein Fuß die erste Stufe zum Podium betrat, hatte ich plötzlich das Gefühl, dass auf beiden Seiten neben mir jemand stand, obwohl ich niemanden sah. Starke Hände griffen nach meinen Armen und hoben mich die Stufen hinauf. Eine unglaubliche Kraft strömte durch meinen Körper, was ich mir nur dadurch erklären kann, dass sie von den Engeln an meiner Seite ausging. Ihre starke, mitfühlende Gegenwart blieb bei mir, bis wir den Abend beendet hatten.

Ein anderes Mal standen Francis und ich während eines Gottesdienstes auf dem Podium und beteten für die Anwesenden. Francis sah eine Frau, die in einem Rollstuhl ganz vorne in der Kirche saß. Er ging zu ihr, um für sie zu beten. Währenddessen blieb ich oben stehen und betete immer noch mit geschlossenen Augen. Ich spürte, wie jemand die Hand auf meinen Rücken legte, genau an die Stelle, die aufgrund des stundenlangen Stehens schmerzte. Die Hand fühlte sich sehr warm, fast schon heiß an, wodurch sich meine schmerzenden Muskeln sofort entspannten. Ich nahm an, dass es die Hand meines Mannes war, der wieder zurück aufs Podium gekommen war und den Gottesdienst weiterführte. Als ich jedoch die Augen öffnete, war niemand da, aber die Hand lag immer noch auf derselben Stelle. Wir waren gekommen, um den Kindern Gottes zu dienen und *ihr* Leid zu lindern, und nun hatte Gott seine Engel gesandt, um *uns* zu helfen und *uns* zu stärken.

Im Anschluss an diese beiden Erlebnisse bekam ich später Post von zwei Teilnehmern, die bei der Konferenz dabei gewesen waren. Sie schrieben mir, was sie gesehen hatten. Einer schrieb: „Als Sie die Stufen zum Podium hinaufgingen, war rechts und links von Ihnen jeweils ein Engel, und beide haben Sie gestützt." Der andere schrieb: „Während Sie auf der Bühne gebetet haben, stand ein großer, leuchtender Engel hinter Ihnen und hatte seine Hand auf Ihren Rücken gelegt."

Gott hat uns diese beiden Briefe als Bestätigung für unsere Erlebnisse mit den Engeln geschickt. Er wollte uns daran erinnern, dass er seine Engel schickt, damit sie uns stärken, wenn wir schwach sind.

Im folgenden Bericht bekommt Ren eine Bestätigung dafür, dass bei ihrer Operation Engel an ihrer Seite sein werden. Trotzdem hat sie Schwierigkeiten, ihre Ängste loszulassen.

. . . . . .

Frieden für einen ängstlichen Patienten
Einige Monate, bevor ich wusste, dass ich eine Operation brauchte, schenkte mir Gott einen Traum. Während dieses Traums stand

Jesus vor mir und stellte mir zwei Schutzengel zur Seite. Es waren ein Mann und eine Frau, die zwar keine Flügel hatten, aber beide wunderschön aussahen. Sie trugen eng geschnittene Uniformen, die fast wie eine zweite Haut wirkten.

Als der Zeitpunkt der Operation gekommen war, hatte ich jedoch immer noch große Angst. Trotzdem versuchte ich mir einzureden, dass ich ganz ruhig sein konnte, weil doch Gott bei mir war. Aber in mir fand ein großer, geistlicher Kampf statt.

Auf einmal kam ein Mann in mein Zimmer, schob einen Stuhl neben mein Bett und setzte sich darauf. Ich wusste nicht, wer er war, und trotzdem hatte ich das Gefühl, dass ich ihn kannte. Ich dachte an die Operation, und wieder überrollte mich eine Welle der Angst, weshalb ich mich im Bett umdrehte und dem Mann den Rücken zukehrte.

Er sprach sanft auf mich ein und legte dabei seine Hand auf meinen Rücken: „Ich werde auf dich aufpassen. Alles wird gut werden."

Doch all seine Bemühungen, mich zu beruhigen und zu trösten, schlugen fehl, und ich kapselte mich weiter von ihm ab. Da stand er auf und ging zu der Krankenschwester, die während der ganzen Zeit in meinem Zimmer gewesen war, hinüber. Er flüsterte ihr etwas ins Ohr und ging dann hinaus.

Sekunden später kam die Krankenschwester an mein Bett und sagte: „Ich werde Ihnen jetzt etwas zur Beruhigung geben." Während sie mich anschließend weiter auf die Operation vorbereitete, fragte ich sie nach dem Arzt, der gerade bei mir gewesen war.

Freundlich lächelnd erwiderte die Schwester: „Hier war niemand."

Da wurde mir klar, dass er kein Arzt, sondern mein Engel gewesen war. Ich danke Jesus dafür!

Ren Brim

Als Ren nicht in der Lage war, den Trost anzunehmen, den der Engel ihr an ihrem Bett schenken wollte, wandte er sich an die Krankenschwester und bewegte sie dazu, Ren ein Medikament zur Beruhigung zu geben. Ich frage mich, wie oft es wohl schon vorgekommen ist, dass ein Engel bei uns war, während wir uns in einer schwierigen Situation befanden und die Wahl hatten, uns entweder auf das Problem oder auf Gottes Fürsorge zu konzentrieren.

Die Sorgen und Nöte des Lebens können uns emotional, geistlich und körperlich auslaugen. Vielleicht schickt uns Gott dann einen Engel, der uns ermutigt und unser ganzes Sein mit seiner himmlischen Herrlichkeit erfüllt. Dieser Engel vermittelt uns Kraft und verändert uns, damit wir uns dem Leben stellen können – nicht allein, sondern umgeben von unseren prachtvollen, himmlischen Begleitern.

Engel haben eine außergewöhnliche Fähigkeit, uns Unmengen an Liebe und Kraft zu vermitteln, ohne dabei auch nur ein Wort von sich zu geben. Durch die Liebe und Kraft, die von ihnen ausgehen, werden wir bis in die Tiefe unseres Seins mit Gottes barmherziger Fürsorge berührt. In einem einzigen Augenblick können sie durch ihr Erscheinen jede Situation zum Guten wenden, und dieses Erlebnis wird dann für immer in unserem Herzen bleiben.

Engel als Boten

Der Duft des Weihrauchs stieg aus der Hand des Engels zu Gott auf, zusammen mit den Gebeten der Menschen.

OFFENBARUNG 8,4

Der Name des mächtigen Erzengels, der „unmittelbar vor Gott steht" (Lukas 1,19), ist Gabriel. Sein Name bedeutet *der Mächtige Gottes* oder *Gott ist meine Stärke*. Dieser mächtige Engel ist Gottes Hauptbote. Er hat die Aufsicht über zahlreiche himmlische Boten und gibt ihnen Befehle. Sowohl das hebräische als auch das griechische Wort für Engel, *m'aL'akh* und *angelos*, bedeutet *Bote*. Diese Boten, die unter Gabriels Führung stehen, handeln als Mittler zwischen Gott und Menschen. Sie bringen unsere Gebete vor Gott (siehe Offenbarung 8,3–4), zeigen uns, was Gott von uns will und warnen uns vor drohender Gefahr.

Gabriel wird in vier verschiedenen Ereignissen der Bibel erwähnt. Jedes Mal, wenn er kam, hatte er eine wichtige Botschaft zu übermitteln. Die ersten beiden Male, als er erschien, sind im Buch Daniel dokumentiert. Er deutete Daniel seine Visionen von Israels Zukunft, die Gott ihm gegeben hatte (siehe Daniel 8,15–16 und 9,21).

Gabriel erschien auch Zacharias, dem zukünftigen Vater von Johannes dem Täufer (Lukas 1,19) und Maria, der Mutter von Jesus (Lukas 1,26–27). Jedes Mal, wenn Gabriel auftauchte, brachte er gute Nachrichten über ein zukünftiges Ereignis. Das größte davon war die Geburt des Messias, ein Ereignis, das den Lauf der Menschheitsgeschichte für immer veränderte.

In diesem Kapitel werden wir sehen, dass Engel heute immer noch Botschaften von Gott überbringen, die uns bei unserer geistlichen Entwicklung helfen und uns den Weg zeigen sollen. Manchmal bieten sie uns dabei ihre Unterstützung, Erkenntnisse und sogar ihre Fürsorge an.

......

Jesus, der göttliche Arzt

Mein Mann Rob erkrankte vor einigen Jahren schwer an einer Blutkrankheit, durch die er massive innere Blutungen bekam. Seine Milz war dadurch so stark vergrößert, dass sie schließlich vier Kilo wog. Nach unzähligen Krankenhausaufenthalten und 50 Bluttransfusionen erklärten uns die Ärzte, dass sie alles getan hätten, was sie nur konnten und schickten ihn zum Sterben nach Hause. Diese Nachricht erschütterte uns tief. Aber wir klammerten uns immer noch an die Hoffnung, und unser Glaube an Jesus wurde stärker denn je.

Eines Abends rief ein Freund an und teilte uns den Namen eines Chirurgen mit, der neue Behandlungsmethoden testete. Wir machten einen Termin bei ihm, und er war zuversichtlich, dass er meinem Mann helfen konnte. Also vereinbarten wir einen Operationstermin für die kommende Woche. Ich war überglücklich über diesen neuen Hoffnungsschimmer, aber innerlich plagte mich dennoch die Angst. Letztlich war die Behandlungsmethode noch neu und ich fürchtete immer noch, meinen Mann zu verlieren.

Am nächsten Tag ging ich allein in die Kirche, um dort für meinen Mann zu beten.

Als ich dort saß und Gott mein Herz ausschüttete, kam ein kleiner Mann rasch auf mich zugelaufen, sah mich aufmerksam an und fragte: „Glauben Sie an Wunder?"

„Ja", erwiderte ich.

Er stellte sich kurz als Paul vor und dann erzählte er mir, dass sein Sohn von einem Arzt geheilt worden war.

Er erklärte: „Jesus ist der göttliche Arzt, aber manchmal gebraucht er auch menschliche Ärzte, um uns zu heilen." Dann betete Paul noch mit mir und sagte: „Herr Jesus, ich weiß nicht, warum diese junge Frau hier ist. Vielleicht betet sie gerade für jemanden, der krank ist, oder vielleicht will sie auch einfach nur Zeit mit dir verbringen. Ich bitte dich, Herr, segne sie mit deinem Frieden, deiner Freude und deiner Liebe."

Nach diesem Gebet sah Paul mich an und sagte: „Seien Sie stets dankbar für alles, was das Leben Ihnen schenkt!"

Auf einmal war mein Herz mit Frieden erfüllt, auch als ich an die bevorstehende Operation dachte.

Nach einem zehnstündigen Eingriff und vierzehn Bluttransfusionen war mein Mann über den Berg. Ich glaube, dass der göttliche Arzt an jenem Tag die Hände des Chirurgen geführt hat.

Auch Paul war wie ein Atemhauch Gottes. Dort in der Kirche hat er mir neue Hoffnung in meinen Geist eingehaucht. Ich danke Gott für seine Engel.

Anita Guariglia

Manche Christen glauben nicht, dass Gott Ärzte, Operationen, Medikamente und unzählige andere Experten und Möglichkeiten benutzt, um unseren Körper und unseren Geist zu heilen. Doch als Rob sich in dieser lebensbedrohlichen, medizinischen Notlage befand, schickte Gott einen Engel der Hoffnung zu Anita, um ihr zu versichern, dass Jesus, der göttliche Arzt, durch die Hände eines qualifizierten Chirurgen ein Wunder tun würde.

In der Bibel steht: „Vergesst nicht, Gastfreundschaft zu üben! Denn ohne es zu wissen, haben manche auf diese Weise Engel bei sich aufgenommen" (Hebräer 13,2).

Als André eine gefährliche Aufgabe übertragen wird, ändert eine Polizeistreife durch sein Gebet und das Eingreifen eines Engels die Richtung, sodass das Leben des gesamten Teams gerettet wird.

. . . .

Ein tödlicher Mordangriff wird verhindert

Ich war seit 21 Jahren als Polizist auf einer Polizeistation in Südafrika tätig. Als Kriminalbeamter gehörte es zu meinen Aufgaben, Spuren nachzugehen und verdächtige Kriminelle festzunehmen. Bei der Verfolgung gesuchter Verbrecher arbeiteten wir mit einem großen Netzwerk an Informanten zusammen. Manche Mitarbeiter waren als Doppelagenten tätig. Das bedeutet, dass sie sowohl bei der Polizei als auch mit den Kriminellen zusammenarbeiteten.

An einem Weihnachtsmorgen hatten mein Team und ich einen Noteinsatz. Wir standen kurz davor, eine Gruppe von Auftragsmördern festzunehmen. Diese Leute waren in der Regel skrupellose Ex-Soldaten, die bereit waren, für viel Geld einen Mord zu begehen.

Wir erhielten einen Telefonanruf von einem unserer Informanten, der uns nähere Details über den möglichen Aufenthaltsort der Verdächtigen gab. Mein Team versammelte sich, und wir gingen noch einmal unseren Einsatzplan durch. Wir wollten mit einem Zivilfahrzeug vorfahren, von dem ich der Fahrer sein würde. Darüber hinaus sollte eine Polizeieskorte zur Absicherung hinter uns herfahren.

Auf dem Weg zum Zielgebiet begann ich im Stillen zu beten. Auf einmal hatte ich das Gefühl, als ob jemand mich drängte, von der geplanten Route abzuweichen und einen anderen Weg zu nehmen. Ich ignorierte das Gefühl und fuhr weiter, doch bald kam es wieder und war noch stärker als zuvor. Ich war verunsichert und leicht verwirrt, weil ich nicht wusste, was los war. Trotzdem blieb ich auf der geplanten Route, wobei das Gefühl immer stärker wurde. Schließlich war es so real, dass ich nachgab und mein Team informierte, dass wir eine Alternativstrecke nehmen würden. Sie würde uns von hinten an den Gebäudekomplex heranführen, anstatt, wie geplant, von vorne.

Als wir uns dem Zielgebiet näherten und das Gebäude bereits in Sichtweite war, sahen wir sie. Die Verbrecher standen neben ihren geöffneten Fahrzeugen und beobachteten die Straße, die vor ihnen lag – dieselbe Straße, auf der wir zuerst unterwegs gewesen waren und von der ich anfangs nicht hatte abbiegen wollen. Auf diese Weise konnten wir die Gruppe überwältigen, bevor sie überhaupt in der Lage waren, nach ihren geladenen AK-47-Gewehren zu greifen, mit denen sie uns sonst in der Luft zerrissen hätten.

Ich glaube, dass es mein Schutzengel war, der mich vor der drohenden Gefahr gewarnt hat. Seit jenem Tag war ich noch unzählige Male in lebensbedrohlichen Situationen. Aber wenn ich jetzt ein unbehagliches Gefühl bekomme, weiß ich, dass ich darauf hören muss. Die Engel haben mich nie auf einen falschen Weg geführt.

André van Aswegen

André wurde drei Mal „bedrängt", einen andern Weg zu nehmen, und jedes Mal wurde der Drang stärker. Beim letzten Mal gab er schließlich nach. Gut, dass Engel ihre Aufgaben so gewissenhaft erfüllen.

Wir Menschen haben ein angeborenes Bedürfnis nach einer tiefen Verbindung zu Gott. Wir sind auf der Suche nach Antworten und nach jemandem, der uns in den komplizierten Fragen unseres Lebens Rat und Orientierung gibt.

Die Mehrheit der Menschen, die zu mir in die Seelsorge kamen, als ich noch eine Privatpraxis hatte, suchte Rat in wichtigen Lebensentscheidungen. In solchen oftmals stressigen Zeiten, wenn unsere Gefühle in Aufruhr sind, sehnen wir uns nach einer Stimme der Vernunft und der Weisheit, die uns die richtige Richtung weist. Nachdem ich jahrelang Einzel- und Familiengespräche geführt habe, habe ich festgestellt, dass Gott vielen Christen in Zeiten der Veränderung oft ganz weit weg und unerreichbar erscheint.

Im Wirrwarr unserer geistlichen Entwicklung suchen wir deshalb einen Mittler, jemanden, der uns eine Botschaft von Gott bringt oder uns hilft zu verstehen, was er sagt. Das war auch schon damals in der Geschichte Israels so. Als Mose in der Wüste für das Volk Israel den Berg Sinai bestieg, hörte er zuerst auf die Worte Jahwes und überbrachte dann seine Botschaft dem Volk. Wir sind wie diese wandernden Seelen. Wir verlieren den Glauben an unsere Fähigkeit, Gottes Stimme zu hören oder die Zeichen zu erkennen, die er uns gibt.

Wenn wir meinen, dass wir seine Stimme nicht hören können, wenden wir uns an Pastoren, Seelsorger oder geistliche Leiter, die wie Mose im Auftrag von Gott zu uns reden sollen. Dieses Verhalten ist völlig in Ordnung und hat sich in Lebenskrisen, wenn wir uns in einer extrem schwierigen Situation befinden und die

Welt um uns herum zu zerbrechen droht, bewährt. Denn die leise, wispernde Stimme in uns kann in der Tat durch die Stimmen der Angst zum Schweigen gebracht werden.

Vielleicht kämpfen Sie mit Schwierigkeiten in Ihrer Ehe, einer schwierigen medizinischen Entscheidung, der Angst um Ihre Kinder, die auf Abwege geraten sind, einer beruflichen Entscheidung, finanziellen Problemen oder mit Gottes Willen, was Ihre Zukunft betrifft. Neben erfahrenen Seelsorgern stellt Gott uns auch die Engel zur Seite, damit sie denen Weisheit bringen, die vor einer wichtigen Entscheidung stehen und Rat brauchen. Oft schickt Gott uns diesen Rat bereits dann, wenn wir noch beten und still auf seine Antwort warten. Die Verwirrung und Angst verschwinden, sobald der Engel uns Gottes Liebe und seinen Frieden bringt.

Auch in der nächsten Geschichte geht es um ein intensives Fürbittegebet für einen Mann, der dringend auf die Hilfe von Gott angewiesen war.

. . . . . .

Ein Engel in vertrauter Gestalt

Ich arbeitete gerade an einem Manuskript für mein neues Buch. Dabei wurde ich von einem pensionierten Mann aus unserer Gemeinde unterstützt, der mir angeboten hatte, für mich Korrektur zu lesen. Er machte seine Arbeit so gut, dass mir das Schreiben schließlich richtig flüssig von der Hand ging. Meine Tochter, die vor Kurzem wieder mit dem Studieren begonnen hatte, rief mich an und fragte, ob ich zum Start ihres Sommersemesters eine Woche bei ihren Kindern bleiben könnte. Weil ihre Farm über 100 Kilometer von meinem Zuhause entfernt liegt, richtete ich mich darauf ein, die ganze Zeit bei ihr zu wohnen. Deshalb bereitete ich für John, den Mann, der mir behilflich war, einen Stapel mit Arbeit für die Zeit meiner Abwesenheit vor.

Am Sonntag, bevor ich zu meiner Tochter fuhr, berichtete der Pastor unserer Gemeinde, dass John im Krankenhaus lag. Er war sehr krank und brauchte dringend unsere Gebete. Am nächsten Morgen rief ich unseren Pastor an und wollte wissen, wie es John ging.

„Nicht sehr gut", erklärte Pastor Steve besorgt.

„Meinen Sie damit, dass er vielleicht sterben könnte?", fragte ich entsetzt.

„Das ist nicht auszuschließen", erwiderte er traurig.

Ich war am Boden zerstört, zum einen, weil ich sehr besorgt um John war, zum andern, weil ich Angst hatte, meinen kompetenten Lektor zu verlieren. Viele meiner Gedichte handeln von Alkoholmissbrauch und seinen Auswirkungen auf die Familie. Da Johns Vater Alkoholiker gewesen war und er und sein Bruder deshalb in eine sehr strenge Pflegefamilie gekommen waren, hatte er das nötige Hintergrundwissen für seine Aufgabe.

John verkörperte das typische Bild eines ältesten Sohnes in einer Alkoholikerfamilie. Er arbeitete sehr viel, hatte hohe Ziele und hatte sein Studium an der Harvard Universität mit eins abgeschlossen. Ich befürchtete, dass er nicht mehr um sein Leben kämpfen wollte, da es einfach zu schmerzhaft ist. Mit diesen Gedanken im Kopf betete ich die ganze Zeit für ihn, während ich weit weg war und auf meine Enkelkinder aufpasste.

Während dieser Zeit wachte ich einmal mitten in der Nacht auf und konnte nicht aufhören, an John zu denken. Ich begann, für ihn zu beten und stellte mir dabei Jesus auf seinem Thron im Himmel vor. Ich sah, wie ich Johns Hand nahm und ihn zum Thron führte, wo wir uns beide zu Jesu Füßen niederknieten. Ich erzählte Jesus von meiner Angst um John, allerdings kann ich mich nicht mehr genau daran erinnern, was ich sagte. Nach einer Weile konnte ich dann wieder einschlafen, denn ich fühlte mich beruhigter, was Johns Situation betraf.

Einige Tage später, als ich wieder zu Hause war, klingelte das Telefon. Es war Johns Ehefrau, die ich kaum kannte. Sie sagte: „Meine Tochter und ich wollen uns bei Ihnen bedanken, dass Sie John überredet haben, seine Alkoholsucht behandeln zu lassen."

Ich antwortete: „Ich habe nicht mit John gesprochen. Ich war die ganze Woche über bei meiner Tochter. Außerdem wusste ich gar nicht, dass John Alkoholiker ist."

Überrascht erwiderte sie: „Nun, er hat uns erzählt, dass Sie zu ihm ins Krankenhaus gekommen sind und ihn überredet haben, sich behandeln zu lassen. Sobald er entlassen ist, wird er eine Entziehungskur beginnen." Das war die einfachste Hilfestellung für einen Alkoholiker, die ich jemals geleistet habe!

Mary Soergel

Kern dieser Geschichte ist die erlösende Liebe Gottes in Johns Leben, nämlich dass er einer Seele, die buchstäblich in die Arme des Todes sank, einen rettenden Engel schickte, der aussah wie eine gute Freundin. Mary hat John im Gebet bei der Hand genommen und ihn zur Quelle des Lebens geführt. In diesem Moment schickte Gott einen Engel als Boten zu ihm, der ihm die Ermutigung und Stärke brachte, die er brauchte, um den Schritt in den Alkoholentzug zu wagen.

Thomas von Aquin hat einmal gesagt: „Wir sind wie Kinder, die einen Meister brauchen, damit er uns den Weg weist. Und Gott hat dafür gesorgt, indem er seine Engel dazu auserwählt hat, unsere Lehrer und Berater zu sein." Unsere Mütter und Väter im Glauben haben die Gegenwart und das Eingreifen von Engeln im alltäglichen Leben als etwas ganz Selbstverständliches empfunden. Sie haben verstanden, wie wichtig es ist, auf Gottes Weisheit zu hören, die er uns durch seine Engel vermittelt. Aber Vorsicht: Es ist wichtig zu verstehen, dass Engel einzig und allein Gottes Botschaft übermitteln. Wie bei jeder geistlichen Erfahrung steht auch hier Gott im Mittelpunkt.

Ein Highlight in der nächsten Geschichte ist die liebevolle Art und Weise, wie Gott auf Christas Wunsch reagiert, einmal einem Engel zu begegnen.

. . . . . .

Ein Engel im Overall

Als ich Christ wurde, erzählte mir eine gläubige Freundin von ihren Begegnungen mit Engeln in menschlicher Gestalt. Davon inspiriert, wandte ich mich mit einem schlichten Gebet an Gott: „Herr, bitte lass mich eines Tages auch einem Engel begegnen."

Einige Wochen später, als ich gerade einen Lebensmittelladen betrat, hörte ich eine innere Stimme deutlich zu mir sagen: ‚Heute wirst du einen Engel treffen.'

Ich lachte in mich hinein und dachte: Wow, das wäre doch mal toll!

Nachdem ich meinen Einkauf beendet hatte, schob ich meinen Einkaufswagen zum Ausgang. Neben der Tür an die Wand gelehnt, stand ein bärtiger, weißhaariger Mann in einem Jeans-overall. Er lächelte angenehm und sah mich dabei intensiv an.

Ich nickte ihm grüßend zu. Seltsamerweise warf mir daraufhin die Frau, die neben mir das Geschäft verließ, einen merkwürdigen Blick zu.

Als ich dann näher an den Mann herankam, sagte er zu mir: „Einen schönen Abend noch!"

„Danke. Das wünsche ich Ihnen auch", antwortete ich erfreut.

Die Frau neben mir sah mich wieder verwirrt an, doch ich lächelte ihr zu, wunderte mich aber über ihr Verhalten. Der alte Mann folgte mir noch eine kurze Strecke über den Parkplatz, lief dann aber in eine andere Richtung, als ich zu meinem Auto ging. Sekunden später warf ich noch einmal einen Blick zurück, aber er war nicht mehr zu sehen. Er hatte sich einfach in Luft aufgelöst, dabei konnte er unmöglich innerhalb so kurzer Zeit vom Parkplatz verschwunden sein.

Auf einmal wurde mir klar, warum die Frau mich so seltsam angesehen hatte. Sie hatte den Mann nicht sehen können, weil er ein Engel war. Ich wusste, dass Gott mein Gebet beantwortet hatte. Gott ist so ein wundervoller Gott, dass er sogar die kleinsten Bitten berücksichtigt, die wir vor ihn bringen!

Christa Sarazen

Ganz offensichtlich war Christa die Einzige im Laden, die den Engel sehen konnte. Ein Engel, der einfach verschwand, nachdem er sie glücklich gemacht hatte. Das war der Beweis für sie, dass Gott sich auch für unsere geringsten Anliegen interessiert, mit denen wir zu ihm kommen.

Die folgende Geschichte hat mir eine Freundin erzählt, die ebenfalls im Heilungsdienst tätig ist. In dieser Begegnung wird deutlich, dass wir jeden Tag von Lichtwesen umsorgt werden.

. . . . . .

Ein Engel in Polizeiuniform

Fast drei Jahrzehnte lang war ich in meinem Dienst viel unterwegs. Ganz zu Anfang meiner Arbeit schenkte Gott mir mehrere Erlebnisse, durch die er mich anspornen und stärken wollte – bei einem war auch ein Engel beteiligt.

Ich hatte in einem Gottesdienst gepredigt, und es war recht spät geworden. Da ich in dieser Stadt keine Übernachtungsmöglichkeit gefunden hatte, hatte ich geplant, gleich nach dem Gottesdienst zu dem Pfarrer der Gemeinde zu fahren, in der ich am nächsten Tag predigen sollte. Ich aß also mein Abendessen, packte meine Habseligkeiten zusammen und machte mich auf den Weg zu meinem nächsten Reiseziel.

Die Fahrt verlief ruhig, bis ich mich irgendwo auf dem Land verfuhr. Sosehr ich mich auch bemühte, ich konnte keine der Hauptstraßen finden, die auf meiner Landkarte eingezeichnet waren, und ich hatte bereits seit vielen Kilometern keine Tankstelle mehr gesehen. In meiner Hilflosigkeit wandte ich mich an Gott und bat ihn, mir zu helfen.

Wenige Minuten später sah ich in meinem Rückspiegel die Lichter eines Polizeiwagens. Er deutete mir an, rechts ranzufahren, und ich dachte nur: „Ich war doch nicht zu schnell. Ich habe auch keine Schilder missachtet. Was soll das Ganze?"

Der Beamte kam an mein geöffnetes Fenster, bückte sich und sagte: „Herr Pfarrer, fahren Sie noch eineinhalb Kilometer geradeaus, biegen Sie dann links ab und nach ungefähr 700 Metern noch einmal nach links. Dann erreichen Sie die Schnellstraße."

Ich bedankte mich höflich, aber als er sich umdrehte und zu seinem Wagen zurückging, lief mir ein kalter Schauer den Rücken hinunter. Meine Gedanken purzelten wild durcheinander. Ich dachte: „Nach dem Gottesdienst habe ich meinen Talar ausgezogen, und jetzt habe ich meinen Trainingsanzug an. Woher weiß er also, dass ich ein Pfarrer bin? Und woher weiß er, wohin ich fahren will?"

Der Besuch dieses Engels in ungewöhnlicher Gestalt gab meinem Glauben neue Kraft. Selbstverständlich hatte ich beim nächsten Heilungsgottesdienst am Tag darauf keinen Zweifel daran, dass Gott Menschen heilen würde. Und er hat es getan.

Dr. Mark A. Pearson

Die meisten von uns wissen, wie es ist, wenn man sich verirrt hat. In einem solchen Moment, wenn wir keine Ahnung haben, wo wir sind oder wie wir ans Ziel kommen sollen, sind wir völlig verunsichert, besonders dann, wenn wir spätabends auf einer dunklen Landstraße unterwegs sind.

. . . . . .

In einer kalten, mondlosen Nacht

Ich war alleinstehend, 20 Jahre alt und auf dem Nachhauseweg von einer Versammlung in der Innenstadt von Detroit. Obwohl ich selbst in der Stadt arbeitete, war ich noch nie einen anderen Weg gefahren als durch die Innenstadt, wenn ich zur Arbeit oder nach Hause zu meinen Eltern im Nordwesten von Detroit fuhr. An diesem späten Abend dachte ich allerdings, dass es vielleicht sicherer ist, wenn ich die Schnellstraße nehme, weil ich dann nicht an jeder Ampel anhalten muss. Ich kannte die Strecke zwar noch nicht genau, aber die Straßen waren ja beschildert.

„So schwer kann das ja nicht sein!", dachte ich und bog entschlossen auf die Schnellstraße ab.

Einige Zeit später nahm ich die Abfahrt, die, wie ich vermutete, zu meinen Eltern führte. Ich landete aber auf einer einsamen Landstraße im nordöstlichen Vorort von Detroit und dort ging mir auch noch der Sprit aus. Es war eine kalte, mondlose Nacht im November, und das einzige Gebäude, das ich erkennen konnte, waren die Umrisse eines Hauses am Ende der Straße. Ich ging zu Fuß auf das unbeleuchtete Haus zu und hoffte, dass jemand da war, der mir helfen konnte.

Beklommen drückte ich auf den Klingelknopf. Als niemand kam, klopfte und hämmerte ich gegen die Tür. Keine Antwort. Ich ließ meinen Blick durch die Gegend schweifen und musste feststellen, dass dieses Haus und alle umliegenden Häuser verlassen waren. Offensichtlich war die Abfahrt nur der Weg zu einer Baustelle gewesen. All diese Häuser sollten abgerissen werden. Verzweifelt wurde mir klar, dass das nächste Telefon sowie jegliche menschliche Hilfe kilometerweit von mir entfernt waren. Ich fühlte mich vollkommen schutzlos und ausgeliefert.

Als ich wieder im Auto saß, begann ich zu weinen. In meiner Angst und Einsamkeit betete ich: „Gott, wenn es dich wirklich gibt, dann brauche ich jetzt deine Hilfe!"

In diesem Moment hielt ein Auto mit zwei älteren Insassen neben mir an. Einer der Männer fragte, ob ich Hilfe brauchte.

Weinend und unfähig, meinen Kummer zu verbergen, nickte ich. Der Mann stieg aus und gab mir ein Zeichen, auf den Rücksitz ihrer zweitürigen Limousine zu steigen. Ich zögerte, willigte dann aber ein, weil ich einsah, dass das meine einzige Möglichkeit war.

Nach mehreren Kilometern erreichten wir eine Tankstelle, wo wir den Ersatzkanister mit Benzin auffüllten. Danach fuhren sie mich wieder zurück zu meinem Auto. Sie wussten genau, was zu tun war; sie öffneten die Motorhaube, nahmen den Luftfilter heraus und füllten etwas von dem Benzin in den Vergaser. Den Rest des Benzins füllten sie in den Tank. Die ganze Zeit über sprach keiner von uns ein Wort.

Ich rutschte auf meinen Fahrersitz und wollte schnell losfahren. Da fiel mir ein, dass ich mich noch nicht bedankt hatte. Aber als ich mich umdrehte, war das Auto weg. Nur wenige Sekunden waren vergangen, aber nirgends war eine Spur von irgendjemandem zu sehen. Die Straße lag wieder dunkel und verlassen vor mir. In Wahrheit war ich allerdings nie wirklich allein gewesen.

Marieanne Rose

Wie wir bereits festgestellt haben, verschwinden die Engel, die uns in menschlicher Gestalt zu Hilfe kommen, in der Regel innerhalb eines Augenblicks. Der Glaube an Gott scheint allerdings keine Voraussetzung zu sein, dass sie erscheinen. In der vorangegangenen Geschichte betete Marieanne: „Gott, wenn es dich wirklich gibt, dann brauche ich jetzt deine Hilfe!" Glücklicherweise fragt Gott nicht erst danach, ob wir an ihn glauben, bevor er uns jemanden schickt, der uns hilft.

Gott hört jeden Schrei des menschlichen Herzens. Jesus stand einmal am Grab seines Freundes Lazarus, der bereits seit vier Tagen tot war. Er hob die Augen auf und sagte: „Vater, ich danke dir, dass du mein Gebet erhört hast!" (Johannes 11,41). Dann rief er Lazarus von den Toten zurück. Als Jesus dieses Gebet sprach, war er absolut zuversichtlich, dass Gott ihn erhört hatte.

Auch Janes Gebete für ihre Kinder wurden von Gott erhört. Er schickte ihr einen Engel in menschlicher Gestalt, der ihr Anleitung gab, wie sie für die Errettung ihrer Kinder beten konnte.

. . . . . .

Das Gebet einer Mutter

Vor einigen Jahren saß ich einmal in einem Bus nach Connecticut, um zu meiner Mutter zu fahren, deren Schwester gestorben war. Im Bus musste ich an meine sieben Kinder denken. Ich dachte über ihre Beziehung zu Gott nach und fragte ihn in meinem Herzen, was ich diesbezüglich noch für sie tun könne.

Nach meiner Rückkehr nach Vermont besuchte ich unser wöchentliches Gebetstreffen. Während des Treffens klopfte es plötzlich an der Tür. Der Gruppenleiter war gerade beschäftigt, also stand ich auf, um zu öffnen. Vor mir stand eine kleine Frau mit einem ziemlich großen Koffer. Sie sagte, sie sei auf der Suche nach dem Busbahnhof. Ich bot ihr an, sie nach unserem Gebetstreffen dorthin zu fahren, und so kam sie herein und gesellte sich zu uns.

Nach dem Treffen kam die Frau auf mich zu, nahm meine Hand und sagte: „Gott hat eine Botschaft für Sie. Er möchte, dass Sie dafür beten, dass die Herzen Ihrer Kinder offen sind, um sein

Wort aufzunehmen." Dann wiederholte sie diese Botschaft noch einmal. Sofort fiel mir die Frage ein, die ich Gott im Bus gestellt hatte. Ich hatte jedoch niemandem davon erzählt.

Wenn ich an diese ungewöhnliche Begegnung denke, muss ich lächeln, weil ich jetzt weiß, dass ein Engel mich besucht hat. Ich habe seine Botschaft nie vergessen und habe genau das für meine Kinder gebetet – nicht nur für sie, sondern auch für andere Menschen. Ich bete, dass ihre Herzen offen sind, das Wort Gottes aufzunehmen.

Jane Hennessey

Wenn wir schwere Zeiten durchmachen, wird uns der Stress und das Leid, das wir aushalten müssen, manchmal zu viel. Auf einmal schaffen wir es nicht mehr, damit so klarzukommen, wie wir es sonst tun. Als Lana in einem Flugzeug nach Paris sitzt und völlig verzweifelt ist, setzt sich ein ungewöhnlicher Passagier neben sie.

......

Der Engel in 9000 Metern Höhe

Vor ungefähr 15 Jahren machte ich eine sehr schwere Zeit durch. Mein Mann und ich steckten in unserer Beziehung in einer schwierigen Phase, unser jüngster Sohn hatte Krebs, und ich kämpfte mit Problemen am Arbeitsplatz. Dann waren auch noch mehrere Familienmitglieder hintereinander gestorben, und Beerdigungen gehörten bei uns zum Alltag.

Irgendwann war ich ganz unten und konnte nichts mehr essen. Ich wurde immer dünner, und ich wollte nicht mehr leben.

Mein Mann und ich arbeiteten für eine Fluggesellschaft, die gerade eine neue Route nach Paris eröffnet hatte. Er hatte die Idee, dass es mir vielleicht helfen würde, dorthin zu fliegen, damit ich einmal rauskäme. Am Flughafen angekommen erklärte uns der Mitarbeiter jedoch, dass das Flugzeug voll war. Weil wir ein Stand-by-Ticket hatten, konnten wir nur mitfliegen, wenn noch zwei Plätze frei waren. Eigentlich war ich erleichtert, doch als wir gerade nach Hause gehen wollten, lief der Mitarbeiter hinter uns her und verkündete, dass soeben zwei Plätze frei geworden waren. Also beeilten wir uns, an Bord zu kommen, gerade noch rechtzeitig, bevor die Türen geschlossen wurden.

Während des Flugs schlief mein Mann irgendwann ein. Neben mir saß ein gut angezogener Herr aus dem Nahen Osten und wir begannen uns zu unterhalten. Aus irgendeinem Grund öffnete ich mich ihm und erzählte ihm von meiner tiefen Traurigkeit, die ich vor allem auch wegen meines Sohnes empfand. Der Mann griff unter seinen Sitz und holte eine Bibel hervor. Dann las er mir daraus vor und traf mich damit mitten ins Herz. Wir sprachen fast den gesamten siebenstündigen Flug miteinander.

Zu diesem Zeitpunkt wunderte ich mich noch nicht darüber, dass er die Namen unserer beiden Söhne kannte. Er schärfte mir ein, nicht daran zu zweifeln, wie viel Macht das Gebet einer Mutter für ihre Kinder hat, und er ermutigte mich, niemals aufzugeben.

Bei seinen nächsten Worten machte mein Herz einen Sprung: „Lana, eigentlich sollte ich gar nicht in diesem Flugzeug sein." Dann griff er in seine Tasche, zeigte mir sein Ticket und sagte: „Bitte, Lana, Liebes, lesen Sie einmal die Flugnummer auf dem Ticket."

Ich war verblüfft. Das war nicht nur der falsche Flug, sondern auch noch der falsche Sitz und das falsche Datum. Er lächelte, sah mich liebevoll an und sagte: „Meine liebe Lana, es gibt keine Worte dafür, wie sehr Gott Sie liebt. Wissen Sie jetzt, warum ich hier bin?"

„Sind Sie etwa wegen mir hier?", fragte ich erstaunt.

„Ja, ich bin wegen Ihnen hier", antwortete er. „Bitte denken Sie daran, dass Gott Sie liebt, und dass Sie leben müssen."

Nach der Landung umarmte er mich und ging davon. In diesem Moment wusste ich, dass ich ins Leben zurückgekehrt war. Ich wollte wieder leben.

Lana Kelley

Lana kann voller Freude berichten, dass sie nach ihrem Gespräch mit dem „Mann aus dem Nahen Osten" ihren Lebenswillen zurückgewonnen hat. Wie erstaunlich, dass Gott noch beim letzten Aufruf zum Boarding zwei Sitze für sie besorgte. Außerdem kannte der Engel nicht nur die Namen ihrer beiden Söhne, sondern er wusste auch genau, welche Bibelverse sie brauchte. Er rief sie ins Leben zurück, und genau das ist die Botschaft, die Gott durch seine Engel auch uns zusprechen will.

Im folgenden Bericht bekommt Tara, eine junge Ehefrau und Mutter, schlechte Nachrichten. Sie muss ins Krankenhaus und empfindet dort eine tiefe Einsamkeit. Bis sie eine übernatürliche Begegnung hat …

· · · · · ·

Eine wunderbare Begegnung in einer einsamen Nacht

Während eines langen Winters wurde ich von einer Reihe gesundheitlicher Probleme geplagt. Ich war ständig erkältet und hatte mehrere Male die Grippe. Nach monatelanger Krankheit war ich körperlich völlig erschöpft. Inzwischen hatte ich jedoch eine Arbeitsstelle mit Zusatzleistungen bekommen, sodass ich mir einen Arztbesuch leisten konnte. (In den USA müssen medizinische Leistungen aus eigener Tasche bezahlt werden; Anm. d. Ü.)

Der Arzt schickte mich zur Notaufnahme ins Krankenhaus, wo ich ein Röntgenbild und eine Blutuntersuchung machen lassen sollte. Ich war sehr nervös und bat deshalb meinen Mann, mit mir zu kommen. Fast den ganzen Tag saßen wir dort in der Notaufnahme. Dann war ich endlich fertig und freute mich auf meinen vierjährigen Sohn zu Hause.

Gerade wollten wir gehen, da bat mich die Ärztin, noch auf die Blutergebnisse zu warten. Die Röntgenaufnahmen waren zwar in Ordnung gewesen, aber sie erklärte mir, dass ich eventuell dableiben müsste, falls sich herausstellte, dass ich eine Lungenentzündung hätte. Ich beschloss, meinen Mann schon einmal nach Hause zu schicken und alleine zu warten.

Die Ärztin kam in Begleitung eines anderen Arztes zurück. An ihrem Gesichtsausdruck konnte ich bereits erkennen, dass sie schlechte Nachrichten für mich hatten. Sie erklärten mir, dass die Blutwerte auf eine Leukämie hindeuteten! An der Diagnose schien kein Zweifel zu bestehen.

Dann schickten sie mich zur Computertomografie und anschließend kam ich in ein Einzelzimmer. Dort musste ich auf den

Onkologen warten, um mit ihm die Behandlungsmöglichkeiten durchzusprechen. Auf einmal überwältigte mich die Angst, und mir wurde bewusst, dass ich völlig allein war. Im selben Moment spürte ich über meiner rechten Schulter einen warmen, leuchtenden Schein. Obwohl meine Eltern bereits verstorben waren, war ich mir plötzlich ihrer liebevollen Gegenwart bewusst. Neben meinen Eltern spürte ich aber noch eine viel stärkere Gegenwart, die mich in eine tröstende Wärme und Licht einhüllte. Jemand nahm mich bei der rechten Hand, drückte sie sanft und übermittelte mir so die Botschaft: Du bist nicht allein.

Ich spürte eine liebevolle, freundliche Bestätigung, als ob jemand sagen würde: „Wir sind alle hier bei dir, und wir lieben dich!"

Ich wusste, dass das Jesus und seine Engel waren.

Jedes Mal, wenn ich diese Begebenheit erzähle, muss ich weinen. Ich fühlte mich so gestärkt und wusste, dass meine Zukunft in seiner liebevollen Obhut lag. Alles würde wieder gut werden. Gottes Engel waren bei mir und dienten mir den ganzen Tag über. Es war der Beginn meiner persönlichen Beziehung zu Jesus Christus. Inzwischen ist seit diesem lebensverändernden Tag fast ein Jahrzehnt vergangen. Ich bete, dass Sie eines wissen: Jesus ist immer bei Ihnen, egal, was Ihnen heute begegnet.

Tara LaPlante

An jenem langen Tag war Tara immer wieder netten und ungewöhnlich hilfsbereiten Menschen begegnet, bis sie dann im Krankenzimmer von Jesus selbst getröstet wurde. Der Himmel umgab sie mit einem warmen, strahlenden Licht, und Jesus nahm sie bei der Hand und brachte ihr eine Botschaft, die jedem von uns gilt: „Du bist nicht allein."

Engel ermutigen uns zur Anbetung

Doch es kommt die Zeit – ja, sie ist schon
da –, in der die Menschen den Vater überall
anbeten werden, weil sie von seinem Geist
und seiner Wahrheit erfüllt sind. Von diesen
Menschen will der Vater angebetet werden.
Denn Gott ist Geist. Und wer Gott anbeten
will, muss von seinem Geist erfüllt sein und
in seiner Wahrheit leben.

Johannes 4,23–24

Nachdem meine Freundin Lynne und ich nach Jerusalem umgezogen waren, hatten wir beide das starke Bedürfnis, unser Gebetsleben zu vertiefen. Wir waren beide von Gott sehr begeistert, wussten aber noch recht wenig über sein Königreich. Das änderte sich allerdings nach einem für uns ganz besonderen Gebetstreffen.

Floride Ameil, meine Mentorin und geistliche Mutter, lebte und arbeitete schon seit 50 Jahren in Israel. Sie war als junge Frau aus Kalifornien dorthin gegangen, um Gott zu dienen. Floride hatte einen bemerkenswerten Glauben. Sie wurde während unserer Zeit in Israel unsere Mentorin und nahm Lynne und mich unter ihre Fittiche.

An jenem Abend nun fand eine Veranstaltung für Christen statt, die in Israel lebten und arbeiteten. Floride bestand darauf, dass wir daran teilnahmen. Trotz zahlreicher Ausreden, warum wir nicht kommen konnten, folgten wir Floride schließlich doch und gingen mit ihr zu der Kirche „St. Peter in Gallicantu" (lat.: St. Peter zum Hahnenschrei), die Kirche, die an die Verleugnung des Petrus nach der Verhaftung Jesu erinnern soll.

Als wir das Gebäude betraten, hatte die Anbetungszeit schon begonnen. Mehrere Menschen liefen tanzend an uns vorbei, ihre Gesichter strahlten vor Freude. Weder Lynne noch ich hatten jemals zuvor gesehen, dass man während eines Gottesdienstes herumlief, geschweige denn tanzte! Das Wort *unbehaglich* ist nur eine milde Beschreibung für das, was wir beide empfanden. Unsicher, wie wir darauf reagieren sollten, bahnten wir uns einen Weg zur hintersten Kirchenbank, wo wir niederknieten, um zu beten.

Rückblickend ist mir bewusst, dass wir beide völlig fehl am Platz gewirkt haben mussten. Jeder im Raum tanzte, sogar

Floride, die schon über 70 Jahre alt war. Und wir kamen herein und versteckten uns in der letzten Reihe. Als der Evangelist die Einladung aussprach, nach vorne zu kommen und für sich beten zu lassen, zögerten wir. Doch Floride machte uns Mut. Also gingen wir nach vorne, stellten uns aber ganz hinten an und erwarteten auch nicht, dass irgendetwas passierte.

Nach dem Gebet schlich ich wieder zurück in meine sichere Kirchenbank. Die Anbetung ging weiter und es herrschte eine freudige Atmosphäre. Alle Anwesenden dankten Gott dafür, wie er sie berührt hatte. Ich versuchte, mit ihnen gemeinsam Gott zu feiern, aber es funktionierte nicht.

Im Stillen fing ich an zu beten, und da hörte ich eine leise, aber klare Stimme in mir, die mich aufforderte: *„Preise mich.“* Ich versuchte, die Stimme zu ignorieren, aber sie sprach ein zweites Mal, diesmal hartnäckiger, zu mir: *„Preise mich!“*

Verstohlen warf ich einen Blick zurück, um zu sehen, ob jemand hinter mir stand (natürlich stand dort niemand, weil ich ja in der letzten Reihe saß). Dann hörte ich die Stimme noch einmal, und sie war noch fordernder. Traurig wurde mir bewusst, dass ich Gott, meinen Vater, noch nie wirklich angebetet hatte, schlimmer noch, ich wusste nicht einmal, wie ich das tun sollte. Wie schafft man es, den Blick völlig von sich selbst abzuwenden und sich mit seinem ganzen Wesen nur auf Gott zu konzentrieren? Ich brauchte unbedingt Hilfe. Ich wollte so gerne gehorsam sein, aber wie?

Weil ich gehorsam sein wollte, begann ich, indem ich einfach laut (und anfangs noch langsam und ruhig) sagte: „Ich preise dich.“ Das wiederholte ich mehrere Minuten lang. Gleichzeitig fragte ich mich, ob das wohl so richtig war. Mir war bewusst, dass meine eigenen Gedanken und Anstrengungen immer noch dazwischenfunkten. Ich stammte aus einer Gemeinde, in der regelmäßig drei Lieder vor der Predigt und eines danach gesungen wurden. Und das war alles. Ich hatte keinen Referenzrahmen für Anbetung. Wie traurig war doch diese Erkenntnis.

Während ich noch probierte, mein Bestes zu geben, bemerkte ich ein unsichtbares Wesen, das sanft versuchte, meine Arme über meinen Kopf zu heben, um mich in eine Haltung der Anbetung und Hingabe zu führen. Meine Arme fühlten sich leicht wie eine Feder an, und sie blieben oben, ohne dass ich mich dafür anstrengen musste. Ich war erstaunt über die starke, friedliche Gegenwart, die mich von allen Seiten umgab. Dieses Gefühl durchdrang mein ganzes Sein. Ich betete, dass dieser Moment nie zu Ende gehen würde.

Jetzt, wo ich ganz auf Jesus konzentriert war und ihn verehrte, verblasste alles andere um mich herum. Ich fragte mich: *Ist das jetzt eine ähnliche Empfindung wie die Erlebnisse, von denen die Mystiker und Heiligen seit Jahrhunderten berichten?* Pure Glückseligkeit!

Sie denken wahrscheinlich, dass ich dieses Erlebnis als Antwort auf meine innigen Gebete für eine tiefere Vertrautheit mit Gott empfunden und angenommen habe. Ganz im Gegenteil! Ich hatte nicht den Mut, in dieser anbetenden Haltung zu verharren! Meine jahrelange Skepsis machte sich nun bemerkbar, und ich distanzierte mich von der Erfahrung, die ich gerade machte. Ich ließ es zu, dass meine Furcht mich in meine sichere Komfortzone zurückdrängte.

Im selben Augenblick, in dem ich diese Entscheidung traf, entzog sich mir die unsichtbare Gegenwart, und ich spürte auf einmal, wie schwer meine Arme waren, die ich immer noch ausgestreckt nach oben hielt. Ich hatte das Gefühl, als ob ein schweres Gewicht an ihnen hing. Ich war am Boden zerstört! Wie konnte ich dieser überwältigenden Gegenwart bloß den Rücken kehren? Wie konnte ich *Nein* zu ihr sagen? Ich versuchte, noch einmal zu dem Erlebnis zurückzukehren, aber es war zu spät. Der Moment war vorbei.

Ich weinte ungeniert. Auf dem gesamten Nachhauseweg quer durch die Altstadt von Jerusalem bis zum Ecce Homo-Konvent, wo Lynne und ich unsere Zimmer hatten, war ich untröstlich. Nach unserem Abendgebet ging Lynne in ihr Zimmer, um sich schlafen zu legen. Ich schlüpfte noch einmal unter der Bettdecke hervor und kniete mich neben meinem Bett auf dem kalten Steinboden nieder. Flehend bat ich Gott, mir zu vergeben, noch einmal zu mir zu kommen und mir eine zweite Chance zu geben. Mehrere Stunden später fiel ich in einen unruhigen Schlaf. Ich war restlos enttäuscht von mir selbst.

Ungefähr um drei Uhr morgens wachte ich von einem strahlenden Licht auf. Eine heilige Gegenwart erfüllte mein Zimmer. Die ganze Atmosphäre war von Liebe durchdrungen. Wieder wurden meine Arme von unsichtbaren Händen erhoben und ich sang ein mir völlig unbekanntes Lobpreislied. Mein ganzes Wesen und Sein – Körper, Seele und Geist – wurden von seiner Liebe überflutet und durchtränkt. Ich wurde von einer unbeschreiblichen Freude erfüllt und war unendlich dankbar, dass er mir eine zweite Chance gegeben hatte.

Dieses wunderbare Erlebnis hat für immer meine Haltung gegenüber der Anbetung verändert. Hatte Gott es nötig, dass ich ihn anbetete? Nein. Aber er hat mir gezeigt, dass ich Lob und

Anbetung brauche, damit ich in seine heilige Gegenwart treten kann.

Ich glaube, dass ich an jenem Abend in der Kirche von Engeln umgeben war, die meine Arme anhoben, mich ermutigten und mir den Weg zur tiefen Liebe meines himmlischen Vaters zeigten. Es gibt eine bemerkenswerte Anzahl von Menschen, die von ihren Erfahrungen mit Engeln während der Anbetungszeit berichten. Gott „wohnt unter den Lobgesängen seines Volkes" (Psalm 22,3; ELB), und die Engel schließen sich unserem Lobpreis an.

. . . . . .

Engel stimmen in unseren Lobpreis mit ein

Einmal traf ich mich mit meiner Jugendgruppe von der Schule im Keller eines Hauses zu einer spontanen Anbetungsveranstaltung. Wir sangen mehrere Lieder, aber das Lied „Wir erheben dich" berührte uns an diesem Abend ganz besonders und führte uns in die heilige Gegenwart Gottes. Wir hatten vielleicht eine halbe Stunde gesungen und dabei immer wieder mit geschlossenen Augen den Refrain wiederholt. Die Erwachsenen saßen währenddessen alle im Stockwerk über uns beim gemeinsamen Abendessen und unterhielten sich.

Irgendwann hatten wir den Eindruck, sie wären zu uns nach unten gekommen, um mit uns zu singen, weil wir auf einmal glaubten, dass unsere Stimmen viel lauter und zahlreicher geworden seien. Wir öffneten alle gleichzeitig unsere Augen und rechneten damit, dass wir die Erwachsenen vor uns stehen sahen. Aber sie kamen gerade erst die Treppe herunter, um nach uns zu sehen, denn auch sie hatten auf einmal mehr Stimmen gehört als am Anfang und hatten angenommen, dass sich noch andere Jugendliche zu uns gesellt hätten.

Robin Morrison

Die zunehmende Lautstärke der Musik und des Gesangs lag an den Engeln, die in unsere Anbetung mit eingestimmt hatten. Anbetung ist eine der Hauptaufgaben der Engel, deshalb nutzen sie jede Gelegenheit, sich menschlichem Lobgesang anzuschließen. Oft hören wir sie nur, doch mitunter kann sogar die ganze Versammlung sie sehen, wie das in der nächsten Geschichte der Fall war. Sie stammt von einem engagierten jungen Ehepaar, das im schlimmsten Viertel ihrer Stadt eine Bibelschule gründen wollte, dort, wo Drogen und Prostitution an der Tagesordnung waren. Leider fehlte ihnen jemand, der den Part des Anbetungsleiters übernahm. Doch da schickte Gott ihnen einen waschechten Dudelsackspieler mit einer besonderen Botschaft.

. . . .

Der Engel, der Musik und Frieden brachte

Nachdem mein Mann George und ich in den USA eine Bibelschule absolviert hatten, wurden wir als Missionare nach Großbritannien geschickt. Unsere Aufgabe war es, im englischen Coventry eine Bibelschule zu gründen und zu leiten.

Man hatte uns eine heruntergekommene, zweistöckige Lagerhalle im Herzen Coventrys besorgt, die von oben bis unten renovierungsbedürftig war. Das sollte das Schulgebäude werden.

Als wir so über unser Projekt nachdachten, überfiel uns eine große Mutlosigkeit. Es gab weder eine Schule noch Klassenzimmer, und es lag ganz allein an uns, dies alles in Gang zu bringen. Wir hatten bereits einige Anmeldungen bekommen, wussten aber nicht, wo wir die Schüler unterbringen sollten. Kein Wunder, dass wir uns allein und völlig überfordert fühlten.

Die Bibelschule begann dann im Herbst desselben Jahres mit einer Handvoll Studenten aus ganz England. Der Unterricht startete jeden Tag um 9 Uhr mit einer vierzigminütigen Anbetungszeit, die von den Studenten organisiert werden sollte.

Eines Tages, es war Montag, stellten wir fest, dass sich niemand bereit erklärt hatte, die Anbetungszeit zu leiten. Also beschloss George, dass wir stattdessen die Zeit für die persönliche Stille nutzen sollten. Nach dem Morgengebet schwärmten die Studenten also aus, um zu beten.

In diesem Augenblick hörte ich, wie jemand auf einem Dudelsack spielte. Ich ging hinüber zu den Fenstern, wo ich direkt auf die alten Reihenhäuser von Coventry blickte. Aber ich konnte niemanden entdecken.

„Das ist seltsam", dachte ich. „Was hat wohl ein Dudelsackspieler in diesem Teil der Stadt zu suchen? Und was ist das überhaupt für ein Lied?" Dann wurde die Musik lauter, und ich erkannte die Melodie. Die vertrauten Worte aus einem Kirchenlied des 18. Jahrhunderts gingen mir durch den Kopf:

O Glück der Gnade! Gottes Hand
und Augen suchten mich.
Ich war verlorn, bis er mich fand,
war blind, jetzt sehe ich.
(Originaltitel: Amazing Grace)

Ich war so überrascht von dieser ergreifenden Erinnerung an die Liebe Gottes, gerade jetzt in unserer Gebetszeit, dass ich zu weinen begann. Und später erzählten mir auch unsere Studenten, dass sie in jenem Augenblick gespürt hatten, wie alle Last von ihnen genommen und ihr Herz leichter wurde. Sie hatten neuen Mut bekommen.

Dann klingelte der Schulgong. Die Studenten stürmten ins Klassenzimmer und dort sogleich an die Fenster, um nach dem Dudelsackspieler zu sehen. Doch interessanterweise hatte die Musik in dem Augenblick aufgehört zu spielen, als wir die Andachtszeit beendet hatten. Ich sprang die Treppen hinunter und überrannte dabei beinahe Ian, unseren geistlichen Leiter aus Schottland.

„Ian", fragte ich atemlos, „hast du die Musik gehört?"

„Gewiss!", antwortete er in seinem typischen schottischen Dialekt. „Ich habe sie gehört! Ich weiß nicht, wer er war, aber da stand ein Mann im Eingang und spielte Dudelsack. Er trug ein komplettes Highlanderoutfit mit Prince-Charlie-Jacke, Kilt und allem Drum und Dran!"

„Ian, wo ist er hingegangen?", fragte ich aufgeregt und dachte dabei an Hebräer 13,2: „Vergesst nicht, Gastfreundschaft zu üben! Denn ohne es zu wissen, haben manche auf diese Weise Engel bei sich aufgenommen."

Es waren höchstens ein paar Minuten verstrichen, deshalb rannte ich zur Eingangstür, wo Ian den Mann gesehen hatte. Meine Augen suchten die Straße ab, doch ich konnte niemanden entdecken. Als ich meinen Blick nach oben richtete, fiel mir unser Schild ins Auge, das über der Tür hing: „Charis Bible College". Das Wort „charis" stammt aus dem Griechischen und bedeutet Gnade. Gott hatte uns in der Tat einen Boten gesandt, dessen Musik von seiner „überwältigende Gnade" erzählte und uns an denjenigen erinnerte, der unseren Dienst und unsere Arbeit überwachte.

Ein tiefer Friede überkam mich, als ich mir bewusst machte, dass Gott sich so viele Gedanken über unsere Schule macht, dass er uns sogar einen Dudelsack spielenden Engel schickte, um uns durch ihn zu segnen.

Krissy Maxwell

So wie manche Menschen damit gesegnet sind, dass sie die Engel Gottes zu Gesicht bekommen, sind andere damit gesegnet, dass sie sie hören, wie der folgende verblüffende Fall zeigt.

· · · · · ·

Der klare Tenor eines Engels

Ich hatte gerade die Diagnose bekommen, dass ich Krebs habe und auch andere Mitglieder meiner Gemeinde hatten in der letzten Zeit schlechte Nachrichten erhalten, sodass unser Pastor beschloss, gemeinsam mit uns einen Anbetungsgottesdienst zu feiern. Ich saß mit ein paar Freunden zusammen in einer der letzten Reihen, und wir erlebten eine wundervolle Zeit in der Gegenwart Gottes. Bald darauf hörte ich mehrere klare Tenorstimmen hinter mir singen. Ich drehte mich um, um zu sehen, ob ich die Sänger kannte, und war überrascht, dass niemand dort saß, obwohl ich ihre markanten Stimmen hören konnte. Die Reihen hinter mir waren alle leer.

Neben mir saß meine Freundin, die in einem Chor singt. Ich fragte sie, ob auch sie die Stimmen hören konnte und sie stimmte lächelnd zu. Aber auch sie konnte niemanden sehen. Ich glaube,

es war der Klang eines himmlischen Chores, denn während ich zuhörte, verspürte ich eine tiefe Freude in mir und fühlte mich wunderbar getröstet.

Kathi Smith

Engel lieben es, an Orte zu kommen, an denen Menschen Gott anbeten, und sie haben Freude daran, in den Gesang der Menschen mit einzustimmen.

Kayla, eine MTA in einem Krankenhaus, bekommt vom Heiligen Geist den Eindruck, dass sie für einen Patienten auf der Intensivstation um Heilung beten sollte. Was dann geschieht, ist ein machtvolles und herrliches Zeugnis von Heilung und von der Anbetung eines Engels.

. . . . . .

Der singende Engel im Krankenzimmer

Ich arbeite als MTA in einem Krankenhaus. Eines Tages sollte ich mithilfe eines mobilen Gerätes bei einem Intensivpatienten eine Röntgenaufnahme machen. Als ich sein Zimmer betrat, hatte ich sofort das Gefühl, dass Gott den jungen Mann heilen wollte. Er war kaum bei Bewusstsein und wurde nur noch durch eine Beatmungsmaschine am Leben erhalten. Seine Freundin war bei ihm und ich fragte sie, ob ich für ihn beten dürfe. Zu meiner Erleichterung war sie von dem Vorschlag begeistert. Doch dann betrat ein Arzt das Zimmer und ich musste gehen, bevor ich für ihn hatte beten können.

Nach meiner Schicht ging ich wieder zu ihm in sein Zimmer und seine Freundin erzählte mir, dass er zu seiner Krebserkrankung auch noch eine Infektion bekommen hatte, an der er fast gestorben wäre. Aber seine Ärzte waren nun der Meinung, dass sich sein Zustand verbessert hatte. Deshalb hatten sie vor, ihm am nächsten Morgen das Beatmungsgerät abzunehmen.

Wir standen an beiden Seiten seines Bettes und beteten, dass Gott ihn heilen möge. Der junge Mann hörte bewegt zu und nickte zustimmend, während wir beteten. Bevor ich ging, tauschten seine Freundin und ich noch unsere Telefonnummern aus.

In der Nacht schrieb sie mir eine Nachricht, die besagte, dass es ihm so gut ginge, dass sie die Beatmungsmaschine bereits entfernt hatten. Sie lud mich ein, ihn noch einmal zu besuchen und mit ihnen gemeinsam zu beten.

Eine Woche später hatte ich endlich Zeit, den jungen Mann noch einmal aufzusuchen. Er lag bereits nicht mehr auf der Intensivstation. Er erzählte mir eine außergewöhnliche Geschichte. In der Nacht, in der wir gebetet hatten, hatte er nicht zwei, sondern drei Personen an seinem Bett gesehen. Ich hatte an seiner rechten und seine Freundin an seiner linken Seite gestanden und am Fußende hatte er noch eine weitere Frau gesehen, die Gospellieder sang.

Der junge Mann erklärte mir: „Wenn Sie mich kennen würden, dann wüssten Sie, dass ich mit Gospelmusik bisher nie etwas am Hut hatte." Dann fuhr er fort: „Ich habe so etwas noch nie zuvor erlebt."

Die singende Frau ist mit Sicherheit ein Engel gewesen, den Gott geschickt hat, um diesem Mann seine Liebe zu zeigen.

Kayla Stewart

Unsere liebe Freundin Barbara Shlemon, die als Autorin und Rednerin tätig ist, war mehr als 50 Jahre fast auf der ganzen Welt im Predigtdienst aktiv. Sie berichtete mir Folgendes:

. . . . . .

Engel in Alaska

Ein Freund erzählte mir diese Geschichte über einen Anbetungsabend in einer kalten, verschneiten Nacht in Alaska. Draußen pfiff und peitschte der kalte Winterwind gegen die vereisten Kirchenfenster, doch drinnen saßen die Menschen warm und glücklich beieinander. Sie sangen ein Lied nach dem anderen, um Gott damit zu loben. Am liebsten hätten sie nie damit aufgehört. Irgendwann jedoch war auch das letzte Loblied verklungen und die Musiker hatten ihre Instrumente beiseitegelegt.

Aber obwohl keines der Gemeindeglieder mehr sang, hörte der Gesang nicht auf. Jeder konnte es hören. War das ein himmlischer Chor, den sie da hörten?

Wenn Sie das nächste Mal für Gott Lobpreislieder singen, tun Sie es aus vollem Herzen und dann bitten Sie Gott, dass er Ihnen Engel schickt, die in Ihren Gesang mit einstimmen.

Barbara Shlemon

Meine Freundin Barbara ist nicht die Erste, die solche Ereignisse beschreibt, Eifion Evans beschrieb solche Ereignisse bereits in seinem Buch *When He Is Come: An Account of the 1858–60 Revival in Wales* (dt.: Als er kam: Ein Bericht über die walisische Erweckungsbewegung der 1858er- bis 1860er-Jahre) wie folgt:

. . . . . .

Ein ungewöhnliches Phänomen dieser Erweckung war das „Singen in der Luft", das viele glaubwürdige Zeugen gehört haben. Der himmlische Klang von Engelsstimmen, der sich süß und sanft und harmonisch unter den Gesang mischte, war überwältigend. Er hatte eine solche Wirkung auf den Zuhörer, dass dieser sich zu jeder Bewegung unfähig fühlte und wie angewurzelt stehen blieb.

Wie angewurzelt stehen bleiben. Unfähig, sich in der heiligen Gegenwart dieser strahlenden Engelswesen zu bewegen. Man stelle sich vor, wie mächtig der Friede gewesen sein muss, der sich unter den Teilnehmern dieser Erweckungsbewegung ausgebreitet hatte. In der ganzen Menschheitsgeschichte findet man immer wieder solche Berichte, und sie stammen von Menschen aus allen Gesellschaftsschichten.

Nach unserer Rückkehr aus Jerusalem in die USA reisten Lynne und ich quer durchs Land und auch durch Kanada, um dort in Kirchengemeinden und Hauskreisen von unserer Arbeit in Israel zu berichten. Unser Hauptanliegen war es, die Christen darauf aufmerksam zu machen, dass sie für Frieden in diesem vom Krieg zerrissenen Land beten sollten.

Eines Abends waren wir zu einem Hauskreis eingeladen. Die Mitglieder waren sehr daran interessiert, sich aus erster Hand über den Konflikt im Nahen Osten informieren zu lassen. Bevor Lynne und ich mit unserem Bericht begannen, nahm eine hübsche, junge Frau ihre Gitarre in die Hand, um mit uns Lobpreislieder zu singen.

Während ich ihr zuhörte, machte ich zwei Beobachtungen, die mich tief berührten. Als Erstes fiel mir auf, dass sie beim Singen von einem regelrechten Glanz umgeben war. Und zweitens stellte ich fest, dass wir kein einziges Anbetungslied kannten, das sie sang. Wir hatten den Großteil unseres Lebens in Gemeinschaft mit anderen Christen verbracht, und dennoch waren uns diese Lieder nicht vertraut.

Wir sprachen sie an und fragten sie dann, ob sie die Lieder selbst geschrieben habe. Ihre Antwort erstaunte uns, denn sie erklärte uns, dass sie diese Lieder in der Wüste von Engeln gelernt habe. Ich fragte sie, wie die Engel ihr denn die Texte übermittelt hätten. Da erzählte sie uns, dass sie vor einigen Jahren in Arizona gelebt hätte und dort regelmäßig in die Wüste gegangen sei, um Gott anzubeten. Während dieser Zeit seien dann häufig Engel zu ihr gekommen, um gemeinsam mit ihr zu singen. Diese Wüstenwanderungen waren ihr schließlich zu einer lieben Gewohnheit geworden, und immer öfter waren die Engel dazugekommen und hatten mit ihr gemeinsam gesungen. Mit der Zeit hatte sie dann ein paar von ihren Liedern gelernt.

Mit offenem Mund hörte ich ihr zu und dann setzte sie sogar noch eins obendrauf. Sie erzählte, dass sie eines Abends auf ihrem Weg in die Wüste an einem älteren Mann im Goldgräber-Look vorbeigegangen sei. Er hätte in einem Schaukelstuhl auf der Veranda einer kleinen Hütte gesessen, ihre Gitarre gesehen und sie gefragt: „Waren Sie da draußen in der Wüste und haben dort mit den Engeln gesungen?"

Sie bejahte dies und wollte wissen, ob er sie denn gehört habe. Er antwortete mit einem dröhnenden Ja und erklärte ihr, dass er es gern hörte, wenn sie Gott zusammen anbeteten.

Engel am Sterbebett

Auf den Befehl Gottes werden die Stimme
des höchsten Engels und der Schall der
Posaune ertönen, und Christus, der Herr,
wird vom Himmel herabkommen.
Als Erste werden die auferstehen, die im
Glauben an Christus gestorben sind.

1. Thessalonicher 4,16

Als ich noch ein kleines Kind und mit meinen Eltern im Auto unterwegs war, schlief ich normalerweise auf dem Rücksitz ein, bevor wir unser Ziel erreicht hatten. Ein fahrendes Auto hatte aus irgendeinem Grund immer eine einschläfernde Wirkung auf mich. Obwohl meine letzte Erinnerung an den Tag immer darin bestand, dass ich glücklich aus dem Fenster des Autos blickte, wachte ich morgens jedes Mal sicher in meinem warmen Bett auf, wo mein liebevoller Vater mich mit seinen starken Armen hingetragen hatte.

Wenn ich daran denke, wie fürsorglich mein Vater war und wie er mich stets beschützt hat, wird mir ganz warm ums Herz. In einer kalten Winternacht ließ er mich nie allein im dunklen Auto zurück. Er holte mich heraus und trug mich in die sicheren vier Wände unseres Hauses. Ich hoffe, dass das beim Sterben ähnlich sein wird: Umgeben von der Wärme und Liebe meiner Familie möchte ich in Frieden einschlafen und in meinem ewigen Zuhause wieder aufwachen, getragen von den Engeln Gottes.

In Shakespeares Tragödie *Hamlet* sagt dessen Freund Horatio: „Gute Nacht, mein Fürst! Und Engelscharen singen dich zur Ruh!" Nach Gottes Plan werden wir von seinen Engeln in unsere ewige Heimat getragen und mit überschwänglicher Freude und großem Jubel zu Jesus und den himmlischen Heerscharen geleitet.

Viele Menschen, die zu mir in die Seelsorge kamen, leben heute noch in Trauer, weil sie vor Jahren einen geliebten Menschen verloren haben. Sie klammern sich in Gedanken immer noch an den verstorbenen Ehemann, die Ehefrau, das Kind oder das Elternteil. Sie haben sich in den Gedanken verstrickt, dass der Mensch, den sie verloren haben, in ihnen lebendig bleibt, wenn sie an ihrem Schmerz festhalten. So wird Gott daran gehindert, die traurige Leere in ihrem Herzen zu füllen, weil es bereits mit Trauer und Schmerz gefüllt ist. Gott sehnt sich danach, uns auf unserem Weg der Trauer zu begleiten, während wir den geliebten Menschen seiner ewigen Fürsorge anvertrauen.

Ein großes Missverständnis bezüglich der Engel besteht darin, dass viele glauben, ihre Erscheinung sei nur besonderen Menschen vorbehalten gewesen, wie den Vorbildern des Glaubens aus der Bibel, Mystikern oder außergewöhnlichen Menschen wie Johanna von Orleans. In unserer nächsten Geschichte erscheint ein Engel einer Farmersfrau im Südwesten von Missouri, um ihr die Augen für die geistliche Welt zu öffnen. Marilyns Mutter, die ihr diese Geschichte erzählt hat, berichtet, wie Gott nicht nur einen, sondern gleich mehrere Engel schickte, um sie und andere in ihrem Glauben zu stärken.

. . . . . .

Eine wunderbare Ermutigung

Es war Mai und ich fuhr von meinem Zuhause in Kansas City ins südwestliche Missouri, wo ich meine Eltern auf ihrer Farm besuchen wollte.

Während ich mit ihnen zusammensaß, warf meine Mutter meinem Vater einen Blick zu und fragte: „Sollen wir es ihr sagen?"

Bei ihren Worten lief mir ein Schauer den Rücken hinunter. Hatte einer von ihnen eine schlimme Diagnose vom Arzt bekommen?

Doch meine Mutter sagte nüchtern: „Ich habe einen Engel gesehen."

Ich war überrascht. Meine Familie sprach sonst nie über Geister, Engel oder irgendein anderes Wesen, das man als übernatürlich wahrnehmen würde. Der nun folgende Bericht stammt aus dem Tagebuch meiner Mutter:

„Heute Abend ist mir etwas Ungewöhnliches passiert. Ich lag dösend auf dem Sofa, als mich etwas weckte. Ich öffnete die Augen und sah ein helles Licht, hinter dem ein heller, blauer Ball leuchtete.

Ein kleines Mädchen – ich schätze sie auf ungefähr acht Jahre – stand auf dem Läufer vor dem Sofa. Ich bin sicher, sie war ein Engel. Sie war sehr klein und hatte schulterlange, blonde Haare. Ihre Nase war winzig und ihr Gesicht allerliebst. Sie trug ein knielanges, weißes Kleid mit hohem Kragen und langen Ärmeln und an den Füßen hohe, schwarze Schnürschuhe. Flügel habe ich keine gesehen und auch nicht ihre Hände. Wir sahen uns an, und sie warf den Kopf zurück und spitzte die Lippen. Ungefähr 30 Sekunden lang stand sie dort, dann verschwand sie. Sie schien durch die Tür am Ende des Zimmers zu schweben, der blaue Ball immer hinter ihr her.

Einige Wochen später wurde ich sehr krank. Ich hatte eine doppelte Lungenentzündung und musste ins Krankenhaus. Ich dachte oft an den kleinen Engel und er schien mir innere Kraft und Mut zu geben. Ich weiß, dass er mir geholfen hat, wieder gesund zu werden. Heute bin ich überzeugt, dass es einen Gott und Engel im Himmel gibt."

Ich war erstaunt, dass dieser übernatürliche Besuch bei meiner Mutter keine Angst ausgelöst hat. Aus Furcht, verletzt zu werden, war sie normalerweise eher verschlossen. Aber jetzt sagte sie: „Ich hoffe, der Engel kommt eines Tages wieder."

Als sie 84 Jahre alt und sehr gebrechlich war, zog sie in ein Pflegeheim um. Eines Tages saß ich gerade bei ihr, da sah sie mich an und sagte schwärmend: „Ach, sie sind so wunderschön."

„Wer ist wunderschön?", wollte ich wissen.

„Die Engel. Sie sind überall um mich herum", antwortete sie. „Und ich möchte mit ihnen gehen. Oh, ich möchte gehen. Bitte doch Gott darum, dass er mich gehen lässt!"

Sie hatte einen Ausdruck auf dem Gesicht, als würde sie die allerschönsten Wesen sehen.

Zehn Tage später schlief meine Mutter für immer friedlich ein. Mein Vater, mein Bruder und ich waren an ihrer Seite. Ich glaube, der Grund, warum meine Mutter diese Erlebnisse hatte, war die Tatsache, dass Gott wusste, sie würde sie akzeptieren. Sie würde von ihrem Erlebnis berichten, damit jeder, der sich unsicher war, ob es einen Ort wie den Himmel gibt, eine Bestätigung bekäme.

Marilyn Riley Mongan

Dreizehn Jahre, nachdem Marilyns Mutter zum ersten Mal einem Engel begegnet war, schickte Gott seiner treuen Dienerin eine riesige, himmlische Eskorte aus herrlichen und leuchtenden Engeln, als sie sich an der Schwelle zwischen diesem und dem nächsten Leben befand. Durch ihre offensichtliche Freude fiel es ihrer Familie leichter, sie gehen zu lassen und ihr auf ihrem Weg Gutes zu wünschen.

Der folgende zweiteilige Bericht hat für unseren Mitarbeiter Jeff eine ganz besondere Bedeutung. Es war im September.

Unsere Organisation *Christian Healing Ministries* veranstaltete zu dieser Zeit eine einwöchige Konferenz in Michigan. Am Dienstagabend betete ich zusammen mit meiner damaligen Assistentin Linda Strickland für die Menschen, die zu uns auf die Bühne kamen. Im Anschluss an diesen Abend kamen einige Leute auf uns zu und sagten ganz begeistert: „Ihr beiden singt so wunderschön!"

Ihr begeistertes Lob verblüffte uns, denn wir hatten nicht gesungen und wir antworteten wie aus einem Mund: „Das waren nicht wir."

Wir hatten den wunderschönen Gesang auch gehört, aber wir waren so ins Gebet versunken gewesen, dass wir nicht gehört hatten, woher er kam. Die Musik und die Stimmen waren unglaublich schön gewesen, obwohl wir die Sprache nicht verstanden hatten.

Auf unser Nachfragen erfuhren wir, dass die Musik auch nicht von den Konferenzteilnehmern gekommen war. Da wurde uns bewusst, dass Engel uns umgeben hatten, um mit ihrem Gesang Gott anzubeten.

Allem Anschein nach hatten auch die Teilnehmer die herrliche Musik aus dem Himmel gehört. Erst nachdem wir wieder zu Hause waren und Jeff von unserem Erlebnis erzählt hatten, wurde das Geheimnis gelüftet.

. . . .

Jeffs Traum von einem himmlischen Chor

Vor einiger Zeit musste ich mich einer Darmoperation unterziehen und im Anschluss daran wollten mich meine Eltern in Jacksonville, Florida besuchen. Doch am frühen Morgen des Tages, an dem sie mich besuchen wollten, erlitt meine geliebte Mutter im Schlaf einen schweren Schlaganfall.

Meine Frau Mary Ellen und ich fuhren noch am gleichen Tag zu ihr. Wir blieben einige Tage bei ihr und kehrten dann wieder nach Hause zurück. Kurze Zeit später hatte ich einen Traum: Ich sah meine im Sterben liegende Mutter und alle Mitglieder aus allen Chören, in denen sie jemals aktiv gewesen war, standen um sie herum, um sie mit ihrem Gesang im Himmel willkommen zu heißen.

Ich war von diesem Traum so sehr bewegt, dass ich mehreren Freunden von ihm berichtet habe.

In der darauffolgenden Woche starb meine Mutter. Es war dieselbe Woche, in der meine Kollegen von Christian Healing Ministries auf dieser Konferenz in Michigan waren. Als Linda von dort zurückkehrte, erzählte sie uns beim Abendessen von ihrem wundervollen Erlebnis mit den Engeln, die am Dienstagabend gesungen hatten.

Ich wurde aufmerksam und fragte sie, um wie viel Uhr das gewesen sei. Als sie mir antwortete, dass sie den Gesang um neun Uhr gehört hätten, wurde mir bewusst, dass dies derselbe Zeitpunkt gewesen war, zu dem meine Mutter gestorben ist.

Ich bin fest davon überzeugt, dass der himmlische Chor, der meine Mutter im Königreich Gottes in Empfang nahm, dieselben Engel waren, die bei der Konferenz gesungen hatten. Mein Traum wurde so auf beeindruckende Weise bestätigt. Dieses Erlebnis ist immer ein großer Trost für mich gewesen und hat mir geholfen, den Tod meiner Mutter besser zu verarbeiten.

Jeff Sampson

Jesus hat gesagt: „Ich gehe hin, um dort [im Haus meines Vaters] alles für euch vorzubereiten" (Johannes 14,2). Die ganze Bibel wird von demselben Thema durchzogen: Wir dienen einem Gott, der nicht nur einen Ort, sondern auch uns auf das vorbereitet, was einmal kommt.

Jeff war von seiner Operation und den anschließenden Behandlungen geschwächt. Nun auch noch die Krankheit und den Tod seiner Mutter zu verkraften, war sehr schwer für ihn. Sein tröstlicher Traum gab ihm die Sicherheit, dass Gott in allen Schwierigkeiten bei ihm war und ihn nicht alleineließ.

Aus diesen Berichten können wir schließen, dass Engel oft die Aufgabe haben, Menschen auf den Verlust einer geliebten Person vorzubereiten. Wenn die Engel dann kommen, stärken sie uns und geben uns den Mut, unsere Lieben loszulassen, die wir so verzweifelt für immer festhalten wollen.

Dieser Prozess beinhaltet jedoch viel mehr, als die Person einfach nur loszulassen. Dazu gehört vor allem auch, dass wir unseren geliebten Angehörigen oder Freund Gottes Obhut anvertrauen. So wie Eltern ihre geliebte Tochter bei ihrer Hochzeit in die Obhut eines jungen Mannes geben, so müssen auch wir die Kraft finden, unsere Lieben Jesus anzuvertrauen, wenn er sie nach Hause ruft.

Todds Familie darf einen kurzen Blick in den Himmel werfen, als ein Engel an seinem Sterbebett erscheint. Bevor Todd seinen letzten Atemzug macht, werden er und seine Angehörigen gestärkt und getröstet, und sie bekommen die Gewissheit, dass Gott sich liebevoll um jeden von ihnen kümmert.

......

Mit den Augen eines Kindes

Als mein Sohn Todd schwer krank war und sein Hautkrebs bereits das vierte Stadium erreicht hatte, versammelten wir uns als Familie bei ihm, weil wir den Eindruck hatten, dass er nicht mehr lange leben würde. Er war erst 30 Jahre alt, und es fiel mir extrem schwer, ihn so dahinsiechen zu sehen. Eines Abends sagte sein kleiner, erst zweieinhalbjähriger Sohn Christopher etwas, was wir noch nie zuvor von ihm gehört hatten.

Er rief: „Seht mal, da schwebt ein Engel über Papa."

Am nächsten Morgen starb Todd.

Barbara S. Reinmuth

Während wir unsere Lieben auf ihrer Reise zu Gott loslassen, werden wir von Engeln umgeben. Der Himmel ist ein realer Ort, aber er befindet sich in einer anderen Dimension und ist damit für uns unerreichbar.

Die Aufgabe der Engel ist es, den Gläubigen beizustehen, wenn sie von diesem Leben in ein anderes Leben in ihrer ewigen Heimat wechseln. Wenn wir loslassen, was uns an unsere irdische Existenz bindet, werden die Dinge verblassen, die uns hier so wichtig sind. Gleichzeitig sind die Engel bereit, uns zu unserem neuen Zuhause zu begleiten, wo wir gemeinsam mit Gott, den himmlischen Heerscharen und den Gläubigen, die uns schon vorangegangen sind, leben werden. Der Tod ist für gläubige Menschen einfach nur ein Übergang in ein vollkommenes Leben. Und wenn das Ende unseres irdischen Lebens näher rückt, werden wir von Engeln umgeben, die uns auf unsere letzte Reise vorbereiten.

So wie die Engel uns unser ganzes Leben lang begleiten, werden sie sich auch dann liebevoll um uns kümmern, wenn unsere Körper verwandelt werden.

In seinem Buch *Engel: Gottes Geheimagenten* (Hänssler Verlag, 1975) schreibt Pastor Billy Graham: „Für die Gläubigen zerschneidet der Tod das Band, das uns in dieser gegenwärtigen bösen Welt gefangen hält, damit die Engel sie zu ihrem ewigen Erbe geleiten können" (S. 109). Pastor Graham schreibt weiter: „Für den Gläubigen hat der Tod viel von seinem Schrecken verloren. Aber wir brauchen noch immer den Schutz Gottes für diese letzte Reise" (S. 111). Dann erklärt er: „Ein Christ sollte den Tod nicht als Tragödie betrachten. Er sollte ihn so sehen, wie das auch die Engel tun: Sie wissen, dass die Freude das Kennzeichen der Reise von der Erde in die Herrlichkeit ist. Der Weg zum Leben führt durch das Tal des Todes. Aber dieser Weg ist eine Siegesallee. Engel freuen sich über die Macht der Auferstehung Jesu, die auch unsere Auferstehung und unser Geleit in die Ewigkeit garantiert" (S. 112).

Wie wir später in dem Kapitel „Engel im Leben Jesu" noch sehen werden, kam ein Engel zu Jesus, als dieser in der Nacht vor seinem Tod im Garten Gethsemane betete. Der Engel gab ihm Kraft für das, was ihm bevorstand. Wenn schon *Jesus* diesen Engel brauchte, wie viel mehr brauchen *wir* dann ihre Begleitung im Angesicht des Todes. Und darüber hinaus bringen Engel nicht nur der sterbenden Person Trost und Frieden, sie trösten auch oft die Trauernden.

Als der Verbrecher am Kreuz sterbend neben Jesus hing, sah er in Jesus etwas, was ihn zu folgenden Worten bewegte: „‚Denk an mich, wenn du in dein Königreich kommst!' Da antwortete ihm

Jesus: ‚Ich versichere dir: Noch heute wirst du mit mir im Paradies sein'" (Lukas 23,42–43).

Diese Worte, die Jesus an den sterbenden Verbrecher richtete, sind wie ein Nachhall von dem, was er einige Zeit zuvor zu Martha gesagt hatte, als sie am Grab ihres Bruders Lazarus standen. Jesus hatte Lazarus, der schon seit einigen Tagen tot war, ins Leben zurückgeholt. Und dann machte er diese gewaltige Aussage: „Ich bin die Auferstehung, und ich bin das Leben. Wer mir vertraut, der wird leben, selbst wenn er stirbt. Und wer lebt und mir vertraut, wird niemals sterben" (Johannes 11,25–26).

Das Versprechen Jesu, dass unser Geist niemals sterben wird, hilft uns zu verstehen, dass der Tod nur die Schwelle zu der Tür ist, die zu unserem himmlischen Zuhause bei Gott führt. Wenn wir sterben, treten wir hinüber in eine andere Dimension, die von unserer momentanen Realität nur durch einen dünnen Schleier getrennt ist. Während wir uns dem Tod nähern, werden unsere geistlichen Augen geöffnet, und wir werden uns des neuen Lebens um uns herum bewusst. Unsere geistlichen Sinne können dann allmählich die Fülle des Königreichs Gottes, das uns umgibt, wahrnehmen, und unsere jetzige Welt verebbt langsam.

Paulus bezeichnet unseren Körper als Zelt (siehe 2. Korinther 5,1) und als ein irdenes, zerbrechliches Gefäß, in dem der Heilige Geist wohnt (siehe 2. Korinther 4,7 und 1. Korinther 6,19). Wenn sich die Probleme unseres irdischen Lebens auflösen, erleben viele die Freiheit, sich auf die wundersame Gegenwart zu konzentrieren, die uns umgibt.

Ich habe zahlreiche Geschichten über Sterbeerlebnisse gehört, in denen Engel oder Engelchöre vorkamen, die eine himmlische Musik sangen und von strahlendem Licht umgeben waren. Es kann auch passieren, dass die sterbende Person Jesus selbst sieht oder einen geliebten Menschen, der bereits verstorben ist. Dabei kann sie einen Ausdruck von unglaublicher Freude und Frieden im Gesicht haben. Auch die Zurückbleibenden können durch solche Erlebnisse einen starken Trost und eine lebendige Hoffnung erhalten.

In der Bibel wird davon berichtet, dass Engel kamen, um vielen Menschen eine Geburt anzukündigen. Aber sie kommen auch, um auf den Tod vorzubereiten. Das kann unseren eigenen Tod betreffen oder das Sterben eines geliebten Familienmitgliedes oder Freundes. Im folgenden Bericht werden zwei Geschwister von einem Engel sanft auf den Tod ihrer Mutter vorbereitet.

. . . . . .

Ein Engel besucht eine Sterbende

2008 saß ich mit meiner Schwester am Krankenbett unserer geliebten Mutter, als ein Engel uns besuchte. Der Engel erklärte uns, dass meiner Mutter auf dieser Erde nicht mehr viel Zeit bleiben würde. Daraufhin sahen wir kurz zu unserer Mutter hinüber und blickten dann wieder zurück an die Stelle, an der der Engel gestanden hatte. Nur leider war er bereits verschwunden. Und obwohl er nur so kurz bei uns war, hat er uns doch sehr getröstet.

Jahre später kaufte ich mir Ihr Buch „Wesen und Wirken der Engel" und las es einige Male durch. Weil es mich so beeindruckt hat, begann ich damit, jeden Abend, bevor ich ins Bett ging, die Gebete aus diesem Buch zu beten. Eines der Erlebnisse, die ich daraufhin mit einem Engel hatte, geschah an einem Abend im Februar. Ich wachte spät in der Nacht auf und sah einen wunderschönen, roten Schein, der aus dem Wohnzimmer kam.

Ich konnte von meinem Schlafzimmer bis ins Wohnzimmer hineinsehen und erblickte dort einen leuchtenden Engel, der mit ausgestreckten Flügeln im Raum stand. Als er nach einer Weile wieder gegangen war, drehte ich mich um und konnte friedlich weiterschlafen. Nach dem eindrucksvollen Besuch dieses Engels geschahen einige wundervolle Dinge, ja ich kann sogar sagen, dass sich seit diesem Ereignis mein Leben in eine bessere Richtung zu entwickeln scheint. Es war, als hätte Gott mir den aufmunternden Stoß gegeben, dass ich das Gute in meinem Leben annehmen soll.

Michael Schutz

Nicht nur einmal habe ich die letzten Stunden eines irdischen Lebens miterlebt und dabei beobachten können, dass die Art und Weise, wie diese Menschen ihr Leben hier auf der Erde gelebt haben, sich auch in ihrem Sterben reflektiert hat. Diejenigen, die Gott in ihrem Leben vertraut haben, konnten sich ihm auch im Tod viel eher anvertrauen. „Der Tod seiner Heiligen ist werthgehalten vor dem Herrn" (Psalm 116,15; LUT).

. . . . . .

Ein Engel tröstet einen sterbenden Mann

Joseph war 80 Jahre alt, als er starb und zu Gott in die ewige Herrlichkeit ging. Er hatte als Straßenbahnfahrer und als Schildermaler für verschiedene Unternehmen in San Francisco gearbeitet und es geliebt, über seine Abenteuer in dieser großen Stadt Geschichten zu erzählen. Er konnte wundervoll erzählen und er hatte einen großen Glauben, den er gerne mit jedem teilte, der bereit war, ihm zuzuhören. So kam es, dass sich viele Menschen in seiner Straßenbahn für ein Leben mit Jesus entschieden haben. Neben seinem Beruf engagierte er sich 20 Jahre lang in unserer Kirchengemeinde treu als Diakon.

Als er dann gesundheitlich abbaute, kam für ihn die Zeit, wo er vom Diakon und Betreuer zum Patienten und Pflegebedürftigen wurde. Er hatte Krebs, und die Metastasen hatten sich bereits im ganzen Körper ausgebreitet. Seine Chancen zu überleben waren nur gering.

Die Sterbebegleitung fand bei ihm zu Hause im Wohnzimmer statt. Laut Prognose hatte er nur noch drei Monate zu leben. Fast jeden Tag versammelten wir uns bei Joseph, um für ihn zu beten, und in diesen Zeiten spürten wir ganz besonders Gottes Barmherzigkeit, Liebe und Trost.

Bis zum letzten Augenblick war Joseph bei vollem Bewusstsein. Er bedankte sich bei jedem von uns für unsere Liebe, Fürsorge und Unterstützung.

Zuletzt richtete er seinen Blick auf die Decke über seinem Bett und sagte: „Seht ihr diesen wunderschönen Engel dort?"

Dann lächelte er, lehnte sich entspannt und friedlich zurück und schlief kurze Zeit später für immer ein.

Ich werde Joseph und seinen Engel nie vergessen. Ich glaube, dass Gott uns diese heiligen Gefährten schickt, um uns den Übergang ins nächste Leben zu erleichtern.

Pastor Keith Knauf

Joseph hat sein ganzes Leben für andere gelebt und seinen tiefen Glauben mit jedem geteilt, dem er begegnete. In seinen letzten

Lebensminuten durfte er den wunderschönen Engel sehen, der auf ihn wartete, um ihn in Gottes Arme zu tragen. Und er sah ihn nicht nur, sondern er wurde auch von dem Frieden und der Freude erfüllt, die der Engel ausstrahlte. Für die sterbende Person sind diese Erscheinungen eine Zusicherung, dass sie tatsächlich die Schwelle in ein anderes Leben überschreiten wird. Und auch ihre Familie und Freunde werden getröstet und gestärkt, wie wir in Annas Geschichte sehen können. Sie ist eine Großmutter, die im Alter von 101 Jahren Besuch von Engeln bekommt.

. . . . . .

Der Tod einer Großmutter

Meine Großmutter Anna Pederson war 101 Jahre alt, als ihr Herzschlag sich schließlich verlangsamte. Sie war ansonsten bei bester Gesundheit und klarem Verstand, aber ihr Herz konnte mit den körperlichen Anforderungen einfach nicht mehr mithalten. Wir merkten, dass nun die Zeit zum Abschiednehmen gekommen war, und ich saß mit meiner älteren Schwester Janet und einigen Familienangehörigen und Freunden an ihrem Bett.

Ich weiß noch, dass ich ihre Hand auf meine legte, während sie dort im Bett lag und kaum noch bei Bewusstsein war. Sie rief laut den Namen Jesus und drehte dabei stirnrunzelnd ihren Kopf hin und her. Während sie aus diesem Leben schied, schien sie immer mehr von der unsichtbaren Welt wahrzunehmen. Ich betete für sie und ihre Hand fühlte sich mit der Zeit immer kälter und feuchter an. Dann spürte ich plötzlich etwas in meinem Körper, was sich nur schwer beschreiben lässt. Ein Gefühl von Wärme machte sich in mir breit, und es war erstaunlich echt. Es fühlte sich an wie eine warme Energie – als wäre plötzlich eine weitere

Person anwesend. Ich glaube, dass ein Engel neben mir stand, der mich mit Licht erfüllt hat.

Immer noch lag meine Hand unter der Hand meiner Großmutter, und ich hatte das Gefühl, als wolle sie etwas an mich weitergeben. Sie war immer eine Frau des Gebets gewesen, aber leider hat sie innerhalb ihrer Familie auch viel Kummer erleben müssen, was sie jedoch nicht davon abhielt, sich an Gott zu wenden und ihm zu vertrauen.

Dann erlebte ich noch ein zweites Mal, dass dieses unglaubliche Licht durch meinen Körper strömte. Das war, kurz nachdem sie gestorben war. Es war gewaltig und ungeheuer liebevoll, und mein trauerndes Herz wurde dadurch mit Trost erfüllt. Ich werde dem Engel, der mir in den letzten Atemzügen meiner Großmutter beigestanden hat, für immer dankbar sein.

Cindy Incorvaia

Beim Lesen von Annas und Cindys Geschichte ist mir aufgefallen, welche Tragweite es hatte, dass die Großmutter ihre Gaben an die Enkeltochter weiterreichte. In ihrem Kummer wurde sie von dem Licht und der Gegenwart eines Engels getröstet. Darüber hinaus empfing sie aber auch das geistliche Erbe ihrer tief gläubigen Großmutter. In der Bibel steht, dass das reiche Vermächtnis eines Gläubigen von einer Generation an die nächste weitergegeben wird. Welch ein Segen!

Wer zu *Christian Healing Ministries* kommt, um für seine Heilung beten zu lassen, hat dort häufig und nicht selten zum ersten Mal ein Erlebnis mit Engeln. Es gibt verschiedene Arten von Engelserscheinungen. Manchmal nimmt man sie als goldene

Flecken oder als ein strahlendes Licht wahr, das nicht von dieser Welt stammt. Oder sie erscheinen als leuchtende Wesen und stehen plötzlich neben einem. Andere Engel vermitteln ein tief greifendes Gefühl von Frieden, Freude oder Kraft.

Unsere erfahrenen Gebetsmitarbeiter kennen zahlreiche Geschichten mit Engeln und hatten auch selbst viele lebensverändernde Erlebnisse mit ihnen. Einer unserer Mitarbeiter erzählte mir die folgende Begebenheit, nachdem er einen achtjährigen, an Krebs erkrankten Patienten besucht hatte.

. . . . . .

Ein Engel für einen ganz besonderen Jungen

Ich wurde als geistlicher Beistand zu einem kranken Jungen gerufen, und als ich dort ankam, wurde ich von der weinenden Mutter an der Tür empfangen. Sie führte mich in das Zimmer, in dem ihr Sohn schlafend in einem Sessel saß. Wir begannen sofort, für ihn zu beten, wobei ein unbeschreiblicher Friede über uns kam. Ich blickte auf, sah zu dem schlafenden Kind hinüber, und bemerkte plötzlich einen riesigen Engel, der schützend hinter ihm stand.

Der Engel war so groß, dass sein Kopf die Decke berührte, und doch war er vom Wesen her ein Geist, fast durchsichtig. Flügel konnte ich nicht erkennen und auch keinen Heiligenschein, obwohl beides zu seiner unglaublichen Erscheinung gepasst hätte. Der Engel war völlig auf den kleinen, kostbaren, kranken Jungen konzentriert. Er hatte den Brustkorb des Jungen mit seiner Hand bedeckt, so als ob er durch diese Berührung das Licht des Himmels durch den Jungen strömen lassen wollte. Ich starrte die Hand des Engels an und bemerkte, wie stark er sein musste. Und doch war er die ganze Zeit über unglaublich zärtlich.

Ich kniete nieder, um zu beten, denn ich wusste, dass unser liebevoller Gott sich um dieses Kind kümmerte. Die Gegenwart des Engels brachte ein Stück Himmel in das Zimmer und eine Welle des Friedens überströmte unsere kleine Gruppe. Wir hatten uns mit den Engeln versammelt, um diesen kostbaren Jungen in Gottes Hände zu legen.

Als sich die Tür öffnete und jemand das Zimmer betrat, drehte ich mich für einen kurzen Augenblick zur Seite, und als ich wieder zu dem Jungen sah, war der Engel verschwunden. Trotzdem wusste ich, dass er immer noch bei uns war. Kurze Zeit später geleitete derselbe liebevolle Engel seinen Schützling in sein ewiges Zuhause.

Bob Bauwens

Dieser Engel war gekommen, um das Kind zu dem Ort zu bringen, den Gott für ihn vorbereitet hatte. Im Johannesevangelium tröstet Jesus seine Jünger mit den folgenden Worten:

. . . . . .

Seid nicht bestürzt und habt keine Angst. ... Vertraut Gott, und vertraut mir! Denn im Haus meines Vaters gibt es viele Wohnungen. Sonst hätte ich euch nicht gesagt: Ich gehe hin, um dort alles für euch vorzubereiten. Und wenn alles bereit ist, werde ich kommen und euch zu mir holen. Dann werdet auch ihr dort sein, wo ich bin.

Johannes 14,1–3

Der nächste Bericht ist eine anschauliche Erinnerung daran, dass Gott sich in seiner Barmherzigkeit auch um die kümmert, die mit scheinbar unbeantworteten Gebeten zu kämpfen haben.

. . . .

Trost durch einen leuchtenden Engel

Vor einigen Jahren war ich aktiv in einer Gemeinde tätig und engagierte mich auch in der Sonntagsschule, als dort ein zwölfjähriger Junge an Leukämie im Endstadium litt. Zu meinem Entsetzen hörte ich, dass die Gemeinde, vom Pastor angeführt, für einen raschen Tod des Jungen betete. Das erschien mir völlig falsch, weshalb ich den Pastor drängte, stattdessen für seine Heilung zu beten. Er sah mich verwirrt an und erklärte mir, dass sich der Junge im Endstadium seiner Krankheit befände und unsagbar litt, weshalb ein rascher Tod eine Erlösung für ihn wäre.

Trotzdem hoffte ich weiter, dass der Junge wieder gesund werden würde, und ich begann, dafür zu beten und zu fasten. An meinem vierten Fastentag wurde in der Gemeinde schließlich abgekündigt, dass der Junge gestorben sei. Während des Gedenkgottesdienstes herrschte eine tiefe Traurigkeit in der Gemeinde, doch ich tröstete mich mit dem Gedanken, dass Gottes Wille letztendlich der bessere ist.

Als ich nach der Feier wieder zu Hause war, versuchte ich, mich meinen alltäglichen Aufgaben zu widmen, aber ich konnte nicht aufhören, an diesen Jungen zu denken. Abends brachte ich unsere Kinder ins Bett und versuchte anschließend, die Energie aufzubringen, in der Küche noch den Stapel mit schmutzigem Geschirr zu spülen. Auf einmal überkam mich eine eigenartige Furcht, und ich wagte es kaum, unsere Küche zu betreten. Ich hatte irgendwie das Gefühl, dass dort jemand auf mich wartete. Obwohl ich mich selbst schalt, mich nicht lächerlich zu machen, blieb das Gefühl.

Schließlich überwand ich meine Furcht und ging in die Küche, und was ich sah, erschreckte mich. Dort, in meiner kleinen Küche, stand eine riesige, leuchtende Gestalt, von der ein reines, goldenes Licht ausging. Der Engel war so hell, dass ich seine Gesichtszüge nicht erkennen konnte. Und ich war dermaßen überrascht, dass ich mich an der Kante des Spülbeckens festhalten musste.

Der leuchtende Engel vermittelte mir klar und deutlich, jedoch ohne ein Wort zu sagen, dass er eine Botschaft für mich hatte. In seinem grellen Licht konnte ich auf einmal den Jungen erkennen, für den ich gefastet hatte. Der Engel gab ihm einen leichten Schubs, so, als ob er eine Ermutigung brauchte. Daraufhin sagte der Junge ein wenig schüchtern: „Danke."

Anschließend zog der Engel den Jungen sanft wieder zurück in sein Licht, wo dieser verschwand. Die ganze Zeit über klammerte ich mich am Spülbecken fest, überwältigt von der Vision dieses himmlischen Wesens. Dann spürte ich, wie ich ganz sanft angehoben und ins Wohnzimmer getragen wurde. Dort lag meine geöffnete Bibel auf dem Tisch neben dem Sofa.

Irgendwie zeigte mir der Engel eine bestimmte Stelle, die mit den Worten endet: „... werden sie sich auch nicht überzeugen lassen, wenn einer von den Toten aufersteht" (Lukas 16,31).

Ein tiefer Friede erfüllte mich. Ich wusste jetzt, dass Gott mein Gebet beantwortet hatte. Er hat mir einen flüchtigen Blick auf das gewährt, was seine Kinder im Himmel erwartet.

H.T.

. . . . . .

Mein Vater und die zwei Engel

Meine Großmutter Ruth Fiske hatte sich immer einen Sohn gewünscht. Als dann ihre Tochter – meine Mutter –, meinen Vater heiratete, erfüllte sich endlich ihr Wunsch und ihr Schwiegersohn war für sie wie ein leiblicher Sohn. Sie hatten ein ganz besonders liebevolles Verhältnis zueinander. Umso geschockter waren wir, als mein Vater plötzlich und unerwartet an einem Aneurysma verstarb.

Als der Arzt uns die Mitteilung überbrachte, war die erste Reaktion meiner Mutter: „Oh, nein! Wie soll ich Oma das bloß beibringen? Sie wird am Boden zerstört sein."

Und so war es auch. Wie wir befürchtet hatten, fiel sie in eine tiefe Depression, die lange Zeit anhielt.

Ein Jahr später, am Todestag meines Vaters, besuchte ich eine christliche Konferenz. Dort ließ ich von einem Gebetsteam darum beten, dass meine Großmutter von ihren Depressionen geheilt würde. Während dieses Gebets sah die Person, die mit mir betete, in einer Vision meinen Vater zusammen mit Jesus. Das erfüllte mich mit einem großen Frieden.

Auf dem Heimweg von der Konferenz machte ich einen Abstecher zu meiner Mutter und erzählte ihr bis ins Detail, was ich erlebt hatte. Da berichtete sie mir aufgeregt, dass meine Großmutter, genau zum Zeitpunkt unseres Gebetes, ein ganz besonderes geistliches Erlebnis gehabt hatte.

Meine Großmutter war zu Hause gewesen, als es an der Tür klingelte. Sie öffnete sie und erblickte fassungslos meinen Vater, der lächelnd zwischen zwei großen, leuchtenden Engeln vor ihr stand. Sie bat die drei herein und mein Vater erklärte ihr, dass sie ihre Hose, die sie vor einer Weile verlegt hatte, in einem Koffer auf ihrem Schlafzimmerschrank wiederfinden würde. Er sprach mit ihr, ohne dabei seine Lippen zu bewegen, und sie verstand es in ihren Gedanken.

Sie eilte sofort zu dem Schrank und fand dort tatsächlich die vermisste Hose. Rasch zog sie sie an und lief wieder zurück ins Wohnzimmer. Mein Vater und die Engel standen immer noch dort und lächelten. Ein paar Augenblicke später verschwanden sie.

Meine Großmutter konnte dieses Erlebnis nicht fassen. Die Begegnung mit den Engeln erfüllte sie mit einem tiefen Frieden. Die Depressionen, unter denen sie so lange gelitten hatte, verschwanden und kamen nie wieder zurück. Ihr Glaube an Gottes liebevolle Fürsorge wuchs. Den Rest ihres Lebens verbrachte sie in der Gewissheit, dass sie eines Tages ihren Schwiegersohn bei Jesus und den Engeln im Himmel wiedersehen würde.

Jean Bruce

Der Besuch der Engel brachte Ruth Heilung von ihren schweren Depressionen. Als Gott ihr diesen kurzen Besuch und damit den flüchtigen Blick in den Himmel gewährte, konnte Ruth endlich mit dem Verlust abschließen und wieder zuversichtlich in die Zukunft blicken. Die Tatsache, dass Ruth den Tipp bekam, wo sie ihre Hose wiederfinden konnte, zeigt, welche persönliche und fürsorgliche Note diese Begegnung hatte. Vielleicht wollte ihr Schwiegersohn ihr damit zeigen, dass er sie immer noch liebte und ihr Hoffnung schenken, dass sie sich irgendwann bei Gott wiedersehen würden.

Unsere Freundin Lorraine erzählte mir einmal die berührende Geschichte, wie Gott sie auf einen Mann hinwies, der im Sterben lag und Gebet brauchte.

. . . . . .

Engel trösten einen Sterbenden

Eines Morgens war ich gut gelaunt und Anbetungslieder singend im Auto unterwegs zu der Schule, in der ich als Lehrerin unterrichte. Kurz bevor ich bei der Schule ankam, fragte ich Gott verwundert: „Warum sind denn heute deine Engel in der Schule?" Zwar konnte ich sie nicht sehen, aber ich spürte, dass Tausende von ihnen die Schule umringten.

Ich betrat die Eingangstür und genoss das Gefühl, von Engeln umgeben zu sein. Als ich am Eingang zur Turnhalle vorbeiging, stand dort ein fremder Mann, den ich lächelnd begrüßte, und er lächelte zurück. Ich ging den Flur entlang, um meine Sachen in einem Klassenzimmer abzulegen und lief dann wieder zurück durch denselben Flur. Da sah ich den Mann wieder, doch diesmal lag er vor Schmerzen gekrümmt am Boden. Im selben Augenblick wusste ich, dass die Engel gekommen waren, um diesen Mann zu trösten.

Ich kniete mich rasch zu ihm nieder und nahm ihn in den Arm, während ich unaufhörlich für ihn betete. Kurze Zeit später starb der fremde Mann in meinen Armen. Ich bin mir ganz sicher, dass er im Frieden gegangen ist und freue mich, dass die Engel in seiner Todesstunde bei ihm waren.

Zu diesem Zeitpunkt wusste ich noch nicht, ob dieser Mann an Jesus geglaubt hatte. Doch bald fand ich über seine Frau heraus, dass er häufig in einem Restaurant in unserem Ort evangelisiert hatte. Er war also Christ. Wie immer kümmert Gott sich ganz besonders um seine Kinder.

Lorraine Greski

Der Tod dieses Mannes zeigt uns, wie barmherzig und liebevoll Gott mit seinen Kindern ist, dass er sie im Sterben nicht alleine lässt. Auf seiner Reise in den Himmel war dieser Mann von liebevollen Engeln umgeben. Dabei wurde er von einer mitfühlenden Frau gehalten, die ihm unaufhörlich ermutigende Gebete ins Ohr flüsterte.

......

Über den Regenbogen

Vor sieben Jahren bekam meine Mutter die Diagnose, dass sie Lungenkrebs hat. Sie lebte in einem anderen Bundesstaat, und so setzte ich mich alle drei Monate ins Flugzeug, um sie zu besuchen. Obwohl wir für ein Wunder beteten, verschlechterte sich ihr Gesundheitszustand in den nächsten eineinhalb Jahren zusehends. Beim Anblick ihrer unfassbar großen Schmerzen änderte ich irgendwann meine Gebete. Anfangs hatte ich Gott noch gebeten, sie nicht eher zu sich zu rufen, als ich dazu bereit war. Aber etwas begann sich in mir zu ändern. Mir wurde bewusst, dass meine Mutter zu Gott gehen musste – an einen Ort ohne Schmerzen, ohne Leid. Meine Gebete lauteten von dem Moment an so: „Lieber Gott, bitte lass mich dabei sein, wenn du sie nach Hause holst."

Es war an einem Freitagnachmittag, als der lange gefürchtete Anruf kam. Meine Schwägerin sagte, ich solle mich sofort ins nächste Flugzeug nach Chicago setzen, weil meine Mutter die kommende Nacht voraussichtlich nicht überleben würde.

Ich schaffte es dann auch, relativ schnell einen Platz in einem Flugzeug zu bekommen. Während des Flugs lehnte ich meinen Kopf gegen das Fenster und blickte in den Himmel. Dort sah ich auf einmal einen leuchtenden Regenbogen und im selben Moment wusste ich, dass meine Mutter gerade gestorben war. Ich warf einen kurzen Blick auf meine Uhr und notierte mir die Zeit.

Als ich wieder aus dem Fenster schaute, verwandelte sich der Regenbogen in eine Brücke, und ich konnte sehen, wie meine Mutter auf ihr in den Himmel ging. Obwohl ich keine Engel sah, spürte ich, dass sie an beiden Seiten des Regenbogens bis zum Himmel hinauf für sie Spalier standen. Sie sangen und freuten sich, und es war ein einziges Fest ihrer Ankunft zu Hause.

Als ich das sah, überkam mich ein unglaubliches Gefühl des Friedens. Ich war getröstet, obwohl ich wusste, dass die nächsten Tage für mich die schwierigsten meines Lebens werden würden. Gott ließ mich in seiner großen Barmherzigkeit wissen, dass er meine Mutter geheilt hatte – nicht im körperlichen Sinne, sondern geistlich gesehen.

Nachdem ich das Flugzeug verlassen hatte, eilte ich ins Krankenhaus und machte das Zimmer meiner Mutter ausfindig. Als ich es betrat, sah ich ihren leblosen Körper dort liegen. Ich spürte, wie mein Engel mich stützte, sonst wäre ich ganz sicher vor Trauer zusammengebrochen. Draußen auf dem Krankenhausflur herrschte ein hektisches Treiben. Trotzdem spürte ich eine friedliche Stille in dem abgedunkelten Raum, in dem meine Mutter lag. Ich wusste, dass sie sich nun endlich in den Armen Jesu ausruhen konnte.

Bevor ich das Krankenhaus verließ, erkundigte ich mich noch, um welche Uhrzeit meine Mutter gestorben war. Tatsächlich war es genau der Zeitpunkt gewesen, zu dem ich den Regenbogen am Himmel gesehen hatte.

Winnie Christopher

Wenn ein Mensch stirbt, achten die Engel aufmerksam auf jeden einzelnen Familienangehörigen. Deshalb helfen sie besonders da, wo ihre Unterstützung am meisten gebraucht wird. Als Winnie das erste Mal von der Krankheit ihrer Mutter erfuhr, hatte sie eine unglaubliche Angst vor dem bevorstehenden Verlust. Da sie kurz zuvor selbst ein Wunder erlebt hatte und geheilt worden war, betete sie erwartungsvoll, dass Gott auch ihre Mutter vom Krebs heilen würde. Gott sah ihren inneren Kampf und griff ein. Daraufhin erkannte sie, dass er ihre Mutter zu sich rief, weil er jeden Schmerz in neues Leben verwandeln will. Das Gefühl, das sie im Flugzeug gehabt hat, die Vision von fröhlichen Engeln, die sich auf die Ankunft ihrer Mutter freuten, erfüllte sie mit einem unfassbaren Frieden, und sie wusste, dass ihre Mutter nun bei Jesus war.

Der folgende Bericht stammt von einem guten Freund und Kollegen. Er beschreibt, wie er sich auf den bevorstehenden Tod eines engen Freundes vorbereitete.

. . . .

Vorbereitet für das Ende

Mein bester Freund bekam die Diagnose, dass er an einer Krebsart erkrankt war, die fast hundertprozentig zum Tode führt. Um den Krebs zu bekämpfen, hatte mein Freund trotzdem alle nur möglichen Behandlungen wie Bestrahlungen, Chemotherapie und eine Hirnoperation über sich ergehen lassen. Bei der Operation war ihm ein großes Stück seines Frontallappens entfernt worden, in dem das Sprach- und Gefühlszentrum sitzen. Deshalb war es ihm nur möglich, nur noch einfache Sätze zu äußern.

Obwohl er nicht mehr richtig sprechen konnte, liebte er es, Gott anzubeten. Deshalb hörten wir uns bei meinen Besuchen gemeinsam Anbetungslieder an und sangen beide mit. Körperlich gesehen war das aufgrund seiner sprachlichen Einschränkungen unmöglich, darum war es wirklich ein geistliches Geschenk. Einige Male hatten wir während der Anbetungszeit das überwältigende Gefühl, dass sich noch andere Wesen mit uns im Raum befanden, denn während wir sangen, wurde das Licht im Zimmer heller und ein angenehmer Duft verbreitete sich. Gleichzeitig spürten wir deutlich, dass wir uns in einer anderen Welt befanden, einer Welt, in der die Engel Gott anbeten. Zwischendurch öffnete ich oft die Augen und rechnete damit, dass ich jemanden sah, denn das Gefühl, dass jemand neben mir stand, war einfach sehr stark.

Eines Nachts, mein Freund war immer noch krank, hatte ich einen Traum. In diesem Traum lag er schlafend in seinem Krankenhausbett, und ich saß in einem Stuhl neben ihm und betete. Plötzlich schien ein helles Licht von oben ins Zimmer herein und ich konnte das Geräusch von Engelsflügeln hören. Ich sah einen großen Engel, der zu seinem Bett niederfuhr.

Im selben Augenblick stand mein Freund von seinem Bett auf, aber nicht aus eigener Kraft – er wurde vielmehr von dem Licht des Engels angezogen. Eine Stimme sprach und sagte, dass er in den Himmel gehen würde. In mir spürte ich eine tiefe Trauer, aber auch das überwältigende Mitgefühl des himmlischen Vaters. Denn mir war bewusst, dass mein Freund nun von seinem geschwächten Körper befreit werden würde.

Weinend wachte ich auf.

In derselben Nacht hatte ich noch einen weiteren Traum. Ich stand in einer großen Menschenmenge, die Gott anbetete. Überall waren Engel. Sie flogen über dem Thron Gottes, spielten Instrumente, standen Wache. Wieder andere reichten Gott Gefäße mit Weihrauch.

Neben mir hörte ich meinen Freund, der aus voller Kehle sang. Er sah anders aus, er litt nicht mehr an Krebs. Er war stark, voller Leben, und er lächelte fröhlich.

Dann unterbrach er sich plötzlich, sah mich mit seinem einzigartigen Lächeln an und rief: „Ich bin draußen, Bruder!"

Kurz darauf spürte ich, wie sich zwei große, kräftige Hände sachte auf meine Schultern legten, um mich zu beruhigen. Dabei sah ich zu, wie die Engel meinen Freund mit sich nahmen. Sie lachten vor Begeisterung.

Das Telefon klingelte und ich wurde jäh aus meinen Träumen gerissen. Ich bekam die Nachricht, dass mein Freund an diesem Morgen gestorben und nun bei Gott war.

Robin Morrison

Wieder einmal sehen wir, wie jemand auf den Tod eines geliebten Menschen vorbereitet wurde. Die Besuche der Engel in Robins lebhaften Träumen trösteten ihn sehr. Sie sollten ihm Hoffnung schenken. Gott wollte ihm dadurch den Kummer erleichtern, dass er seinen besten Freund verlieren würde. Solche Träume erhellen die Dunkelheit und bringen uns näher an den Ort, an dem Gott wohnt und wo der Tod in Leben umgewandelt wird.

. . . . . .

Die Erlösung eines geliebten Vaters

Mein Vater lag schon fast zwei Wochen lang im Krankenhaus. Er hatte einen fünffachen Bypass bekommen. Die Operation war einigermaßen gut verlaufen, obwohl er bereits 74 Jahre alt war. Abgesehen von seinem geschwächten Herzen hatte er nur noch eine Niere, die leider auch nicht mehr gut funktionierte.

Trotz seiner gesundheitlichen Probleme waren ihm sein Sinn für Humor und sein freundliches Wesen nicht abhandengekommen. Er machte einen zähen Eindruck, und meine Mutter und ich waren recht zuversichtlich, dass er bald nach Hause kommen würde.

Wir besuchten ihn jeden Tag im Krankenhaus. Eines Abends verabschiedeten wir uns von ihm mit einem Kuss, weil wir noch den Geburtstag meiner Mutter feiern wollten.

In der Nacht erhielten wir dann einen Anruf von einer Krankenschwester, die uns mitteilte, dass mein Vater Schwierigkeiten hätte zu atmen.

Ich fragte, ob sie ihm helfen könnten, doch ihre Antwort war besorgniserregend: „Wir tun, was wir können."

Eine Zeit lang betete ich noch für ihn und legte mich dann schlafen.

Nur eine Stunde später rief der Arzt an und wollte wissen, ob sie meinen Vater wiederbeleben sollten, falls er noch einmal aufhören würde zu atmen.

Da dämmerte mir, dass mein Vater in ernsten Schwierigkeiten steckte. Ich betete eindringlich für ihn. Vor mir sah ich ein Bild von Jesus, wie er neben dem Krankenhausbett meines Vaters stand. Er lehnte sich sanft über ihn und sprach mit ihm. Es tröstete mich, Jesus bei meinem Vater zu sehen. Aber ich spürte auch, dass er ihn mitnehmen wollte und ihn darauf vorbereitete.

Ich wusste, ich musste irgendwie mit ihnen reden, denn Menschen können manchmal nicht sterben, bis sie das Einverständnis ihrer Familienangehörigen bekommen. Ich sagte Jesus, dass ich einverstanden sei, wenn er meinen Vater mitnehmen wolle. Dann sprach ich in meinem Herzen zu meinem Vater und sagte ihm unter Tränen, dass ich ihn lieb hatte, aber dass es auch in Ordnung sei, wenn er jetzt mit Jesus gehen würde.

Kurz darauf kam der Anruf: „Ihr Vater liegt im Sterben. Können Sie jetzt sofort kommen?"

Als wir im Krankenhaus angekommen waren, erklärte uns der Arzt, dass mein Vater vor 15 Minuten gestorben sei. Er bot uns an, noch eine Weile bei ihm zu sitzen. Meine Freundin Peg wartete draußen im Flur, während meine Mutter und ich noch ein paar ruhige Augenblicke bei meinem Vater verbringen wollten. Er war so still.

Ich legte meine Hand auf sein Herz und sagte ihm in Gedanken, dass ich ihn liebte. Daraufhin spürte ich ein kurzes Flattern in seiner Brust, doch der Arzt versicherte mir, dass er nicht mehr leben würde.

Als ich das Zimmer verließ und den Flur betrat, hörte ich ein Lied, das durch die kardiologische Intensivstation hallte. „Wie seltsam um drei Uhr morgens!", dachte ich. Doch dann merkte ich, dass es dasselbe Lied war, das wir vor Kurzem in unserem

Hauskreis gelernt hatten. Es war ein einfacher Refrain: „Halleluja, Jesus ist auferstanden!"

Neugierig lief ich über die Station und warf einen kurzen Blick hinter jede Trennwand. Die schlafenden Patienten, die dort überwacht wurden, hingen an ihren blinkenden und piepsenden Monitoren – nichts Ungewöhnliches.

Schließlich fand ich heraus, woher das ermutigende Lied kam. In einem Eckzimmer entdeckte ich in einem Bett eine gesund aussehende Frau mittleren Alters. Sie saß dort von Kissen gestützt und hielt einen Kassettenrekorder in der Hand. Das Licht an ihrem Bett war angeschaltet, und sie sah mich mit einem herzlichen Lächeln an. Ihr freundlicher Blick und das Lied waren herzerwärmend.

Von diesem Tag an war ich fest davon überzeugt, dass die lächelnde Frau ein Engel in menschlicher Gestalt gewesen war, die Gott mit einem Lied geschickt hatte, um meine Mutter und mich zu trösten. Es war ein Lied, das die Freude über die Gewissheit ausdrückte, dass Gott den Tod besiegt hat!

Bei Vaters Beerdigung erzählten wir aus seinem Leben, beteten für ihn und sangen wieder dieses Lied: „Halleluja, er ist auferstanden!"

Pat Fitzgibbons

Kurz bevor Pats Vater starb, wurde sie von Engeln darauf aufmerksam gemacht, dass sie für ihren Vater beten und ihn Jesus anvertrauen sollte, der zur selben Zeit an dessen Krankenbett stand und mit ihm sprach. Während Pat in Gedanken mit ihrem Vater sprach, schien er den erlösenden Satz zu hören, auf den er wartete. Was war das kurze Flattern, das Pat in seinem Herzen gespürt hatte? War es in jenem geheiligten Moment sein Herz, das ihr sagen wollte: „Auf Wiedersehen. Ich liebe dich auch"? Für mich ist das ein atemberaubender, heiliger Moment gewesen, in dem Vater und Tochter die Liebe, die sie füreinander empfanden, miteinander austauschten, während der Vater sich bereits auf seinem Weg zu Jesus befand.

Den wundervollen Abschluss dieser Geschichte bildet dann das Lied von der Auferstehung, das Pat plötzlich hört und das von einem lächelnden Engel gespielt wird. Dieser Engel brachte ihr Hoffnung, Ermutigung und die sanfte Erinnerung daran, dass sie und ihr Vater dank Jesus miteinander die Ewigkeit verbringen würden.

Jesus und die Bedeutung der Engel

Lobt den Herrn, ihr mächtigen Engel,
die ihr seinen Befehlen gehorcht
und auf seine Worte hört!
PSALM 103,20

Egal ob Jesus lehrte, heilte oder Dämonen austrieb, er bewegte sich bewusst und problemlos zwischen der himmlischen und der irdischen Welt hin und her. Seine Worte und Taten waren Beweis für seine außergewöhnliche Macht über Krankheit, Dämonen, Tod und die natürliche Welt.

Während seiner Zeit hier auf der Erde hat Jesus deutlich gezeigt, wie wichtig die Engel im Königreich Gottes sind. In diesem Kapitel sehen wir uns einige Bibelstellen an, in denen Jesus uns die wesentliche Rolle der Engel in der geistlichen Welt und in Gottes Wirken hier auf der Erde aufzeigt.

Jesus ermutigte seine Zuhörer, dass sie ihre Augen für die geistliche Welt um sich herum öffnen sollen. Er wusste, wie wichtig es war, ihren Fokus von den Sorgen und Prüfungen dieser Welt wegzunehmen und ihren Blick auf die geistlichen Dinge zu richten. Es war ihm wichtig, dass seine Nachfolger wissen, dass sie in ihrem irdischen Kampf nicht alleine sind, sondern ihnen die Engel zur Seite stehen, denn schließlich haben sie einen gewaltigen Einfluss auf die Geschehnisse in dieser Welt.

Leider ist uns die lebendige Gegenwart der Engel häufig nicht mehr bewusst. Aber es ist trotzdem eine Tatsache, dass Gott uns neben dem Heiligen Geist seine Engel zur Seite gestellt hat, die uns begleiten, den Weg weisen und beschützen.

. . . . . .

Die Engel im Kreißsaal →

Als ich während der Geburt meiner Tochter im Kreißsaal lag, hatte ich große Angst. Der Arzt hatte mir eine PDA gelegt, um mir die Schmerzen der Geburt zu nehmen, aber meine Ängste verschwanden dadurch leider nicht. Trotz der Ängste konnte ich zum

Glück beten, woraufhin ich von einem tiefen Frieden erfüllt wurde und das Gefühl bekam, ich bin nicht mehr allein in dieser Situation.

Kurze Zeit später sah ich mehrere Dutzend Engel um mich herum, die mich alle mit freudiger Erwartung ansahen. Ihre Erscheinung war fast durchsichtig, und ihre Haare und ihr Aussehen ließen auf weibliche Züge schließen. Dieser Eindruck wurde noch durch ihre langen, farblosen Gewänder unterstützt. Sie schwebten einige Zentimeter über dem Boden und ein lebendiger Strahl von schimmerndem Licht strömte von ihnen aus.

Ich hatte keinen Zweifel, dass sie gekommen waren, um mich und mein ungeborenes Kind während des Geburtsvorgangs zu beschützen. Ganz besonders an diesem Erlebnis war, dass alle Engel zu einem bestimmten Engel hinsahen, von dem ich glaube, dass er der Schutzengel meines Babys war. Ich bin fest davon überzeugt, dass sie sich versammelt hatten, um sich über das neue Leben zu freuen. Als meine Tochter dann den ersten Atemzug tat, konnte ich die Engel plötzlich nicht mehr sehen, aber ich konnte sie immer noch spüren.

Nina Sheffer

Wenn Jesus lehrte, sammelten sich immer große Menschenmengen um ihn herum. Unter ihnen waren Zolleinnehmer, Sünder, Pharisäer und Schriftgelehrte. Einmal erzählte Jesus ihnen drei Gleichnisse: das Gleichnis vom verlorenen Schaf, von der verlorenen Münze und vom verlorenen Sohn. Mit diesen Geschichten wollte er zeigen, dass Gott sich über jeden Menschen freut, der verloren ist und gefunden wird. Damit stand seine Lehre in direktem Kontrast zu der der Pharisäer und Schriftgelehrten. Seine Botschaft von Gottes großer Barmherzigkeit und beständigen Liebe und Vergebung war die Grundaussage eines jeden dieser Gleichnisse.

Dann machte Jesus eine radikale Aussage: „Ich sage euch: So wird man sich auch im Himmel freuen über einen Sünder, der zu Gott umkehrt – mehr als über neunundneunzig andere, die nach Gottes Willen leben und nicht zu ihm umkehren müssen" (Lukas 15,7). Ich glaube, dass Jesus uns damit einen flüchtigen Blick in den Himmel gewähren wollte und uns zeigen, wie Gott bei der Umkehr eines jeden Menschen mit seinen Engeln ein freudiges Fest feiert.

Diese Gleichnisse waren für die Sünder in der Menge eine Illustration von Gottes Eigenschaft, die kaum jemand zuvor betont hat: Erbarmen von einem liebenden und jubelnden Vater, der Feste feiert. Hier gewährte Jesus den Menschen einen kurzen Blick in die fröhliche Atmosphäre der himmlischen Welt.

Im Lukasevangelium erklärte Jesus noch einen weiteren Aspekt des Lebens im Himmel, als er mit den Sadduzäern, die nicht an die Auferstehung glaubten, über eine bestimmte Frau sprach, die sieben Brüder geheiratet hatte. Jeder von ihnen starb, und schließlich starb auch sie. Die Sadduzäer fragten Jesus: „Wessen Frau wird sie nach der Auferstehung sein?"

. . . . . .

Jesus antwortete: „Die Ehe gibt es nur in dieser Welt. Wer aber von den Toten aufersteht und in die zukünftige Welt kommen darf, der wird nicht mehr verheiratet sein. Er wird auch nicht mehr sterben wie die Menschen hier auf der Erde, sondern wie die Engel ewig leben und zu den Kindern Gottes gehören. Denn er ist vom Tod zu einem neuen Leben auferstanden." *Lukas 20,34–36*

Mit dieser Aussage hat Jesus klargestellt, dass die Unsterblichkeit die Bestimmung der Gläubigen ist. Wir dürfen eine Ewigkeit voller Liebe mit Gott und seinen Engeln verbringen.

. . . . . .

Ein Engel an meiner Seite

Eines Morgens saß ich am Frühstückstisch und las in der Bibel. Als ich anschließend betete, merkte ich plötzlich, dass jemand bei mir im Zimmer sein musste. Ich öffnete meine Augen und sah einen großen, wunderschönen weiblichen Engel. Seine Hände waren zum Gebet gefaltet. Er trug ein cremefarbenes Gewand aus einem wunderbaren Material, das sich bewegte, als hätte ihm eine unsichtbare Macht Leben eingehaucht. Er hatte hellbraune Haare, die so schön geflochten waren, dass selbst ich staunen musste, weil ich als Friseurin so eine Frisur noch nie gesehen hatte. Ich war so von diesem Anblick überwältigte, dass ich zu weinen begann, und ich dankte Gott für das Vorrecht, diesen Engel sehen zu dürfen. Nachdem ich dann ein weiteres Mal meine Augen geschlossen und wieder geöffnet hatte, war der Engel verschwunden.

Im Laufe der Woche tauchte derselbe Engel noch einmal an meiner Seite auf. Er stand neben mir mit gefalteten Händen. Seit dieser zweiten Begegnung habe ich ihn nie mehr gesehen, aber ich weiß, dass er immer in meiner Nähe ist. Was für mich aber am wichtigsten an diesem Erlebnis ist, ist, dass ich seitdem ein Gefühl der Sicherheit in mir spüre, das mich nie mehr verließ.

Dolores Purvis

. . . . . .

Engel haben die Kraft zu heilen

Als Jesus hier auf der Erde lebte, gehörte es zu seinen wichtigsten Aufgaben, die Menschen zu heilen. Und genauso werden auch oft Engel gesandt, um den Menschen Heilung zu bringen, die emotional, geistlich oder körperlich leiden. Und wenn die Engel sich uns Menschen nähern, verändert sich die gesamte Umgebung. Im Johannesevangelium finden wir dafür ein Beispiel.

Jesus war nach Jerusalem zurückgekehrt und ging zum Teich Bethesda, der sich in der Nähe vom Schaftor befindet. Die Menschen der damaligen Zeit brachten ihre behinderten und kranken Familienangehörigen dorthin und verbrachten den ganzen Tag am Teich, während sie darauf warteten, dass ein Engel kommen und das Wasser bewegen würde. Wer dann als Erster in den Teich ging, wurde von seiner Krankheit geheilt (siehe Johannes 5,4). Diese Bibelstelle gibt uns einen wertvollen Einblick in die heilenden Kräfte der Engel, egal ob wir sie sehen oder nicht.

Unglücklicherweise war es den gehbehinderten oder gelähmten Menschen nicht möglich, das Wasser ohne Hilfe schnell genug zu erreichen. So kam es, dass ein verkrüppelter Mann bereits seit 38 Jahren dort lag. Als Jesus ihn dort liegen sah, fragte er ihn: „Willst du gesund werden?"

Der Mann erklärte ihm, dass er niemanden habe, der ihn als Erster ins Wasser bringen könne.

Jesus erwiderte: „Steh auf, roll deine Matte zusammen und geh!"

Im selben Augenblick war der Mann geheilt.

. . . . . .

Engel an der Seite meines Sohnes

Mein Sohn war ernsthaft erkrankt und lag im Krankenhaus. Die Ärzte machten ihm nur wenig Hoffnung auf Genesung. Während ich neben ihm am Bett saß und betete, erschienen plötzlich zwei Engel an beiden Seiten seines Bettes, und ich hatte den Eindruck, als wären sie extra gekommen, um über ihn zu wachen. Sie waren in fließende, weiße Gewänder gekleidet und hatten einen unbeschreiblich ruhigen Ausdruck auf ihrem Gesicht.

Später, als sich sein Zustand verschlechterte, erschien noch ein dritter Engel am Fußende seines Bettes. Die Anwesenheit dieser drei Engel erfüllte mich mit einem tiefen Frieden, und ich war sicher, dass mein Sohn wieder gesund werden würde. Und es war tatsächlich so, innerhalb kürzester Zeit war mein Sohn wieder auf den Beinen und konnte sogar bald wieder arbeiten.

Nancy Seeber

. . . . . .

Ein heilender Engel

Meine siebenjährige Tochter hatte die Grippe und dadurch sehr hohes Fieber, das sich trotz Medikamenten und Gebet nicht senken ließ. Mein Mann hatte Spätschicht, sodass ich mit ihr zu Hause alleine war. Während ich für sie betete, hatte ich plötzlich die Gewissheit, dass sie wieder gesund werden würde.

Minuten später begann sie jedoch zu schreien: „Hol mich nach Hause!" Sie war eindeutig im Delirium.

Verzweifelt betete ich daraufhin: „Jesus, ich kann ihr nicht helfen, aber du kannst es."

Dann bekam ich den Eindruck, dass ich Gott loben sollte, also begann ich das Lied „Preist ihn am Morgen" zu singen. Ich weiß nicht, wie lange ich gesungen habe, aber nach einer Weile wurde meine Tochter ganz ruhig. Einige Minuten später sagte sie: „Mama, sie hat einen Ring um den Kopf."

„Wen meinst du, Schatz?", fragte ich sie.

„Den Engel." Ich drehte meinen Kopf in die Richtung, in die sie blickte, aber ich konnte nichts sehen.

Später erzählte sie mir, dass während meines Singens ein Engel gekommen sei, den sie mir folgendermaßen beschrieb: Er hatte ungefähr meine Größe. Seine Haare waren lang und lockig. Er trug Flügel und ein weißes Gewand, das vorne mit einem goldenen Kreuz geschmückt war. Außerdem schwebte der Engel über dem Fußboden. Auf einmal sei dann das Dach unseres Hauses nicht mehr da gewesen, und meine Tochter hatte den Nachthimmel sehen können. Der Engel sei schließlich in dem Moment verschwunden, als ich sie ansah. Ihre Geschichte wird für immer in meinem Gedächtnis haften bleiben.

Claire Barton

. . . . . .

Himmlischer Glanz

In der schwersten Zeit meines Lebens brachte ein Engel mir Frieden. Ich hatte schon längere Zeit Beziehungsprobleme und litt unter starken Existenzängsten, was meine Zukunft betraf. Gebete halfen mir zwar, dass ich mich in meinem inneren Aufruhr getröstet fühlte, aber ich sehnte mich verzweifelt nach einem spürbaren Gefühl von Erleichterung und Hoffnung.

Ich hatte mir angewöhnt, dass ich jeden Samstag zur Kirche ging, um dort für den nächsten Sonntagsgottesdienst zu beten. Eines Samstagabends wuchs jedoch meine Verzweiflung von Stunde zu Stunde, sodass ich völlig ratlos war und nicht wusste, wie ich meiner trostlosen Situation eine Wende geben konnte.

Trotzdem ging ich in die Kirche, wo ich im dunklen Altarbereich Gott mein Herz ausschüttete und ihm sagte, wie ich mich fühlte. Nur wenige Sekunden später bemerkte ich ein ungewöhnliches Licht.

Neugierig machte ich einen Schritt nach vorn, um die Ursache für dieses Licht herauszufinden, da sah ich in der vordersten Bankreihe die Gestalt eines Mannes sitzen. Er schien von innen heraus zu leuchten, und ein sanfter, weißer Schimmer umgab ihn von allen Seiten. Er sah wunderschön aus.

Dann zerriss dieses Lichtwesen mit seiner Stimme die tiefe Stille des Raumes und er sagte: „Alles wird gut werden. Mach dir nicht so viele Sorgen."

Ich stand schweigend da und war angesichts dieses ungewöhnlichen Erlebnisses fasziniert. Noch einmal hörte ich die ermutigenden Worte, und ich wurde von einer allumfassenden Ruhe erfüllt. Ich wusste, ich befand mich in guten Händen und war selbst in den schlimmsten Momenten nicht alleine.

Einige Sekunden später stand er auf und stieg die Stufen zur Empore hinauf. Dann wiederholte er seine Botschaft noch ein letztes Mal: „Alles wird gut werden." Nachdem er das gesagt hatte, verschwand er langsam und wurde unsichtbar.

Ich war wieder allein vor dem Altar. Doch diesmal war das Alleinsein anders, weil in meinem Geist immer noch die unbestreitbare Liebe und der Trost nachhallten, die der Engel mir gebracht hatte. Ich war überzeugt, diese Botschaft hatte Gott mir in seiner Barmherzigkeit geschickt, weil er wusste, wie schwach ich mich innerlich fühlte und wie sehr ich mich nach Befreiung sehnte.

Bill Reilly

Engel sind nicht einfach nur fantastische, mystische Kreaturen. Vom Anfang bis zum Ende haben sie für jeden von uns eine große Bedeutung in Gottes Plan. Sie sind immer bei uns und eilen uns zu Hilfe, wenn Gott es ihnen befiehlt. Jesus hat uns eine herrliche Vollendung dieser Welt verheißen. Weil er in die Zukunft sehen konnte, hat er uns wissen lassen, welche Rolle die Engel dabei spielen. Wie tröstlich ist es zu wissen, dass Gott uns in seiner unendlichen Weisheit diese großartigen Wesen zur Seite stellt, wenn wir sie brauchen.

„Denn der Menschensohn wird mit seinen Engeln in der Herrlichkeit seines Vaters kommen und jeden nach seinen Taten richten" (Matthäus 16,27).

Engel im Leben Jesu

Als Gott seinen erstgeborenen Sohn in diese Welt sandte, erfüllte sich das Wort: „Alle Engel sollen ihn anbeten." Von den Engeln heißt es in der Heiligen Schrift: „Gottes Engel sind Boten, die schnell sind wie der Wind, und seine Diener sind wie die Flammen eines Feuers."

Hebräer 1,6–7

Jesus Christus ist das Zentrum und die Personifikation des christlichen Glaubens. Alle biblischen Berichte, Überzeugungen, Lehren und Traditionen dieses Glaubens drehen sich um die Ankündigung und Geburt, das Leben, den Tod und die Auferstehung Jesu.

. . . . . .

Immer wieder hat Gott schon vor unserer Zeit auf vielfältige Art und Weise durch die Propheten zu unseren Vorfahren gesprochen. Doch jetzt, in dieser letzten Zeit, sprach Gott durch seinen Sohn zu uns. Durch ihn schuf Gott Himmel und Erde, und ihn hat er auch zum Erben über alles eingesetzt. In dem Sohn zeigt sich die göttliche Herrlichkeit seines Vaters, denn er ist ganz und gar Gottes Ebenbild. Sein Wort ist die Kraft, die das Weltall zusammenhält. Durch seinen Tod hat er uns von der Last unserer Schuld befreit und nun den Ehrenplatz im Himmel eingenommen, an der rechten Seite Gottes, dem alle Macht gehört. *Hebräer 1,1–3*

Jesus war in seiner Zeit als Mensch hier auf der Erde unverwundbar und unbesiegbar, denn schließlich war und ist er der Mensch gewordene Sohn Gottes. In der Bibel steht: „Jesus Christus ist und bleibt derselbe, gestern, heute und für immer" (Hebräer 13,8).

Dennoch war Jesus auch vollkommen Mensch, mit der einzigen Ausnahme, dass er niemals sündigte. Er war uns als Mensch in allem gleich. Und wenn er hier auf der Erde in Gefahr war, leiden musste oder mit Schwachheit und Müdigkeit zu kämpfen hatte, schickte Gott ihm seine heiligen Engel zu Hilfe. Sie waren bereits vor seiner Geburt für ihn zuständig, ja wir wissen sogar, welcher Engel für seine Empfängnis und Geburt verantwortlich war – der mächtige Erzengel Gabriel.

. . . . . .

Der Besuch

Der Erzengel Gabriel hatte den Auftrag, in dem kleinen Dorf Nazareth in Galiläa einer jungen Frau namens Maria die beste Botschaft aller Zeiten zu bringen. Und die Botschaft, die sie erhielt, sollte den Lauf der menschlichen Geschichte radikal verändern.

. . . . . .

Elisabeth war im sechsten Monat schwanger, als Gott den Engel Gabriel zu einer jungen Frau nach Nazareth schickte, einer Stadt in Galiläa. Die junge Frau hieß Maria und war mit Josef, einem Nachkommen König Davids, verlobt.

Der Engel kam zu ihr und sagte: „Sei gegrüßt, Maria! Gott ist mit dir! Er hat dich unter allen Frauen auserwählt." Maria fragte sich erschrocken, was diese seltsamen Worte bedeuten könnten. „Hab keine Angst, Maria", redete der Engel weiter. „Gott hat dich zu etwas Besonderem auserwählt. Du wirst schwanger werden und einen Sohn zur Welt bringen. Jesus soll er heißen. Er wird mächtig sein, und man wird ihn Gottes Sohn nennen. Gott, der Herr, wird ihm die Königsherrschaft Davids übergeben, und er wird die Nachkommen Jakobs für immer regieren. Seine Herrschaft wird niemals enden."

„Wie kann das geschehen?", fragte Maria den Engel. „Ich bin doch gar nicht verheiratet." Der Engel antwortete ihr: „Der Heilige Geist wird über dich kommen, und die Kraft Gottes wird sich an dir zeigen. Darum wird dieses Kind auch heilig sein und Sohn Gottes genannt werden." *Lukas 1,26–35*

Marias Zustimmung findet ihren Widerhall durch alle Zeiten hindurch: „Ich will mich dem Herrn ganz zur Verfügung stellen", antwortete Maria. „Alles soll so geschehen, wie du es mir gesagt hast" (Lukas 1,38).

In dem Moment, in dem Jesus gezeugt wurde, wurde Gott Mensch und die zweite Person der Dreieinigkeit nahm in Marias Leib Gestalt an. Diese Zeugung war ein Wunder und geschah durch die Kraft des Heiligen Geistes. Vom Zeitpunkt seiner Empfängnis an war Jesus vollkommen Mensch und zugleich vollkommen Gott. Seine Geburt durch eine Jungfrau war die Erfüllung der alttestamentlichen Prophezeiung über die Rettung der Welt und sein dort erwähnter Name, Immanuel, bedeutet: Gott mit uns!

Nachdem Maria ihrem Verlobten Josef von ihrer Schwangerschaft erzählt hatte, erschien noch ein weiteres Mal ein Engel. Damals war eine Verlobung aus gesetzlicher Sicht genauso bindend wie eine Heirat bei uns heute. Die Reaktion von Josef, einem Zimmermann, wird in der Bibel wie folgt beschrieben: „Josef wollte nach Gottes Geboten handeln, aber auch Maria nicht öffentlich bloßstellen. So überlegte er, die Verlobung stillschweigend aufzulösen" (Matthäus 1,19).

Sie waren zwar von Gesetzes wegen aneinander gebunden, aber noch nicht Mann und Frau. Josef wusste, dass das Kind nicht von ihm war. Er wusste auch, dass ein Seitensprung laut Gesetz mit dem Tod durch Steinigung bestraft wurde.

Innerlich fühlte sich Josef zerrissen, denn er liebte Maria, konnte ihre Schwangerschaft aber nicht akzeptieren. Das änderte sich jedoch, als ihm ein Engel das erste Mal im Traum begegnete.

. . . . . .

Noch während er nachdachte, erschien ihm im Traum ein Engel Gottes und sagte: „Josef, du Nachkomme Davids, zögere nicht, Maria zu heiraten! Denn das Kind, das sie erwartet, ist vom Heiligen Geist. Sie wird einen Sohn bekommen, den sollst du Jesus nennen. Denn er wird die Menschen seines Volkes von ihren Sünden befreien." *Matthäus 1,20–21*

Und Josef hörte auf den Rat des Engels.

. . . . . .

Als Josef erwachte, tat er, was ihm der Engel befohlen hatte und heiratete Maria. Er schlief aber nicht mit ihr bis zur Geburt ihres Sohnes. Josef gab ihm den Namen Jesus. *Matthäus 1,24–25*

. . . . . .

Die Straße nach Bethlehem

Immer wenn ich mir den bekannten Bericht von der Geburt Jesu noch einmal durchlese, bin ich beeindruckt davon, wie die souveräne Hand Gottes jedes Ereignis so gelenkt hat, dass sein Sohn stets in Sicherheit war. Gottes Plan konnte weder durch das jüdische Gesetz noch durch den römischen Kaiser Augustus durchkreuzt werden. Für die Erfüllung der Prophezeiung, dass Jesus in Bethlehem geboren wird, bewegte der Heilige Geist Kaiser

Augustus dazu, eine noch nie da gewesene Volkszählung des gesamten Römischen Reiches zu veranlassen. Gott gebrauchte einen heidnischen Kaiser, um die Prophezeiung aus Micha 5,1 zu erfüllen: „Aber zu Bethlehem im Gebiet der Sippe Efrat sagt der Herr: ‚Du bist zwar eine der kleinsten Städte Judas, doch aus dir kommt der Mann, der mein Volk Israel führen wird. Sein Ursprung liegt weit zurück, in fernster Vergangenheit.'"

Jeder musste an seinen Geburtsort zurückkehren, um sich dort registrieren zu lassen. Das bedeutete, dass Josef, der ein Nachkomme König Davids war, mit Maria nach Bethlehem reisen musste, um sich dort für die Zählung eintragen zu lassen.

Für die knapp 150 Kilometer lange Strecke von Nazareth nach Bethlehem brauchte man zu Fuß zehn Tage und wahrscheinlich vier Tage mit dem Esel oder in einer Karawane. Maria war bereits im neunten Monat schwanger und deshalb bedeutete jede Art zu reisen für sie eine große Strapaze. Bei meiner ersten Israelreise machte ich einmal einen eintägigen Ausflug auf einem Esel. Danach fühlte ich mich wegen der merkwürdigen, übermütigen Gangart des Esels ziemlich elend. Am nächsten Tag spürte ich jeden Muskel in meinem Körper. Maria war mehrere Tage zu Fuß oder auf dem Esel unterwegs! Sie war zweifellos eine bemerkenswerte Frau mit einem starken Glauben und voller Stärke und Mut. In diesem Augenblick in der Geschichte müssen sämtliche Engel der himmlischen Welt in Alarmbereitschaft gewesen sein.

Der letzte Teil der Reise war am anstrengendsten. Er führte von der Stadt Jericho, welche unterhalb des Meeresspiegels liegt, nach Bethlehem. Das sind mehr als 750 Meter Höhendifferenz. Josef suchte verzweifelt nach einer Unterkunft, denn Maria hatte bereits Wehen. Tausende von Menschen waren unterwegs zu ihrer Heimatstadt, um sich registrieren zu lassen. Es war unmöglich, in einer kleinen Stadt mit nur 600 Einwohnern für jeden ein Zimmer zu finden. Immer wieder wurde Josef abgewiesen.

Der Überlieferung nach wurde Jesus in einer Höhle geboren, die als Stall für Tiere diente. In der heutigen Geburtskirche in Bethlehem befindet sich eine Höhle, die von vielen Christen für die Geburtsstätte von Jesus gehalten wird. Andere Forscher verweisen eher auf ein Familienhaus, in dem Josef und Maria das unterste Stockwerk zur Verfügung gestellt bekamen, in dem auch die Tiere gehalten wurden. Aus der Bibel wissen wir nur, dass Jesus, das neugeborene Baby, in eine Futterkrippe gelegt wurde.

. . . . . .

Die Hirten und die Engel

Wo auch immer Jesus geboren wurde, es war ein Engel Gottes, der die frohe Nachricht verkündete. Gott wählte einfache und bescheidene Hirten aus, die auf den Feldern in der Nähe von Bethlehem ihre Schafe hüteten. Sie sollten die überwältigendste Ankündigung, die es jemals auf dieser Erde zu vermelden gab, als Erste hören: Der Retter der Welt ist geboren! Die Hirten erschraken sehr, als der Himmel plötzlich mit der Herrlichkeit Gottes erfüllt war, aber der Engel Gottes beruhigte sie und sprach:

. . . . . .

„Fürchtet euch nicht! Ich verkünde euch eine Botschaft, die das ganze Volk mit großer Freude erfüllt: Heute ist für euch in der Stadt, in der schon David geboren wurde, der lang ersehnte Retter zur Welt gekommen. Es ist Christus, der Herr. Und daran werdet ihr ihn erkennen: Das Kind liegt, in Windeln gewickelt, in einer Futterkrippe!" *Lukas 2, 10–12*

Bevor die Hirten überhaupt darauf reagieren konnten, öffnete sich vor ihren Augen der dunkle Nachthimmel, und sie wurden vom strahlenden Licht des Himmels geblendet. Dann vervielfachte sich die Stimme des Engels, der zu ihnen gesprochen hatte, um ein Tausendfaches. Himmlische Musik erfüllte die Stille der Nacht und als die Hirten näher hinsahen, erkannten sie, dass es sich bei dem grellen Licht um den Glanz leuchtender Engel handelte, die den gesamten Himmel ausfüllten. Tausende und Abertausende von Engeln priesen Gott und konnten ihre überwältigende Freude nicht zurückhalten!

Lukas beschreibt das folgendermaßen: „Auf einmal waren sie von unzähligen Engeln umgeben, die Gott lobten: ‚Ehre sei Gott im Himmel! Denn er bringt der Welt Frieden und wendet sich den Menschen in Liebe zu'" (Lukas 2,13–14).

Als die Engel wieder in den Himmel zurückgekehrt waren, eilten die Hirten nach Bethlehem, wo sie die Heilige Familie genauso vorfanden, wie der Engel es berichtet hatte. Die Hirten erzählten Maria und Josef von dem, was sie erlebt hatten, und fielen staunend auf die Knie, als sie Jesus in der Krippe liegen sahen. Diese armen, bescheidenen Hirten waren die allerersten Evangelisten, denn sie verbreiteten überall die gute Nachricht: Der Messias ist gekommen!

. . . . . .

Der gute Hirte

Selbst bei seiner Geburt wurde Jesus mit den Hirten auf dem
Feld gleichgestellt. Sie hüteten die Schafe, die später im Tempel
geopfert wurden. Später in seinem Dienst auf dieser Erde hat
Jesus sich oft als den guten Hirten bezeichnet. Jesus „sorgt für
sein Volk wie ein guter Hirte. Die Lämmer nimmt er auf den
Arm und hüllt sie schützend in seinen Umhang. Die Mutterscha-
fe führt er behutsam ihren Weg" (Jesaja 40,11).

Jesus sagte von sich: „Ich aber bin der gute Hirte und kenne
meine Schafe, und sie kennen mich; genauso wie mich mein Vater kennt und ich den Vater kenne. Ich gebe mein Leben für die
Schafe" (Johannes 10,14–15). Auch der Prophet Hesekiel verwies
auf den davidischen Messias, der seine Herde schützen würde,
wie Gott sein Volk (siehe Hesekiel 34,12 + 16).

An einem wunderschönen Frühlingstag beschlossen meine
Freundin Lynne und ich, in der Wüste Sinai zu campen. Als wir
auf unserer Wanderung Halt machten, weil wir müde und hung-
rig waren, war meilenweit kein Mensch zu sehen. In der Abend-
dämmerung schlugen wir unser kleines Zelt auf, bereiteten eine
einfache Mahlzeit zu und machten es uns für die Nacht gemüt-
lich. Wir lagen auf dem Rücken und waren von der Größe, Klar-
heit und Schönheit des Wüstenhimmels überwältigt. Ohne die
Lichter und die Luftverschmutzung der Stadt konnten wir den
prächtigen Himmel, die Farbentiefe und den Zauber des Nacht-
himmels viel besser erkennen.

Auf einmal mussten wir an die schlaftrunkenen Hirten in
längst vergangenen Zeiten denken, wie sie damals bei ihren Schafen lagen und vor sich hin dösten. Sie lagen zusammengekauert

an einem Lagerfeuer, das sie warm hielt und vor Raubtieren schützte. Jene Nacht wäre genauso verlaufen wie alle andern, wenn nicht plötzlich, ohne Vorwarnung, ein strahlender Engel mit seiner herrlichen Botschaft erschienen wäre.

Während ich über Engel, Hirten und Jesus, den Friedefürst, nachdachte, schlief ich langsam in unserem Zelt ein. Am nächsten Morgen wachte ich von der starken Wüstenhitze und einem scharrenden Geräusch an der Außenseite des Zeltes auf. Ich öffnete den Reißverschluss am Eingang und krabbelte hinaus – direkt in eine Schafherde hinein!

Hinter der Herde kam ein junges Beduinenmädchen auf uns zu. Sie schien hocherfreut zu sein, zwei Fremde zu sehen, die sich auf ihr Territorium verirrt hatten. Beduinen leben in großen, mobilen Zelten in der Wüste. Sie gehören einer arabischen Gruppe an, die von den Nomaden abstammen. Ihre Lebensweise ist schon jahrtausendealt. In Israel gibt es immer noch etwa hunderttausend Beduinen, und die meisten von ihnen sind Viehhirten.

Wir konnten es nicht glauben, dass wir abends beim Schlafengehen noch über Hirten gesprochen hatten und dann beim Aufwachen direkt vor einem Hirtenmädchen standen – einschließlich ihrer gesamten Herde.

Das junge Mädchen, sie war ungefähr 14 Jahre alt, hatte offensichtlich die ganze Nacht draußen bei ihrer Herde verbracht. Sie sah exotisch aus und trug mehrlagige, wunderschöne handgestickte Kleidung. Unter ihrer Kopfbedeckung kamen dunkle Haarsträhnen zum Vorschein. Ihre Haut war dunkel gebräunt von der Wüstensonne, sie lächelte ein großes, breites Lächeln und ihre Augen funkelten vor Freude.

Wir verstanden ihre Sprache nicht, aber das schien ihre Begeisterung nicht zu bremsen. Über eine Stunde verständigten wir uns lachend nur mit Gesten. Und obwohl sie sehr an uns interessiert war, fiel mir auf, dass sie die ganze Zeit über ihre Schafe nicht aus den Augen ließ. Ab und zu lief sie weg, um ein Schaf zur Herde zurückzubringen, das gerade weglaufen wollte. Hin und wieder machte sie ein ungewöhnliches Geräusch und sprach auf diese Weise mit den Schafen und manchmal reichte dafür auch nur eine kurze Bewegung mit ihrem Stab. Oder sie hob ein kleines Lamm auf, weil sie spürte, dass es ihre Nähe brauchte. Ihre Zuneigung zu den Tieren war offensichtlich.

Schließlich deutete sie uns mit Handbewegungen an, mit ihr zu kommen, um ihre Familie kennenzulernen und zum Essen zu bleiben. Vermutlich fand sie es amüsant, dass wir in solch einem kleinen Zelt hausten. Ihre Sippe lebte zusammen mit den Tieren in einem sehr großen Zelt. Da wir nicht wussten, wie weit sie von uns entfernt waren, beschlossen wir, nicht mitzugehen.

Während unserer Begegnung war mir aufgefallen, dass sie immer wieder einen bewundernden Blick auf einen einfachen, silbernen Ring warf, den ich am Finger trug. Ich hatte ihn in Jerusalem gekauft. Spontan streifte ich ihn ab und hielt ihn ihr hin. Sie war sehr gerührt und steckte ihn an ihren Finger, doch er war eindeutig noch zu groß, und wir mussten lachen.

Plötzlich schien sie in einen Konflikt zu geraten. Erst jetzt fiel mir ein, dass meine einfache Geste sie ihrer Tradition nach dazu verpflichtete, auch mir ein Geschenk zu machen. Mir wurde ganz mulmig zumute bei dem Gedanken, dass sie mir womöglich ein Lamm anbieten könnte. Das konnte ich unmöglich mit in das Kloster bringen, in dem ich wohnte. Doch ihr Blick ruhte auf ihrem Handgelenk, wo sie einen glänzenden Armreif aus Kupfer trug – wahrscheinlich das Wertvollste, was sie besaß. Sie zeigte darauf und dann auf mich. Gestikulierend versuchte sie mir etwas zu erklären, und ich verstand, dass ihre Mutter ihr den Armreif umgelegt hatte, als sie noch sehr klein war. Seitdem hatte sie ihn nie wieder abgelegt.

Sie hatte große Schwierigkeiten, den Armreif vom Handgelenk zu bekommen, und plötzlich war ich es, die sich in einem Gewissenskonflikt befand. Ich wollte nicht, dass sie sich verpflichtet fühlte, ihn mir zu geben. Mit viel Mühe gelang es ihr schließlich, den Armreif abzunehmen. Freudig hielt sie ihn mir entgegen und ich wusste, dass es eine Beleidigung ihrer Kultur gewesen wäre, ihn nicht anzunehmen.

Ganz plötzlich verbeugte sich meine neue Freundin vor mir, ließ noch ein liebenswürdiges Lächeln über ihr Gesicht huschen und rief dann ihre Schafe, die sofort reagierten und ihr hinterherliefen. Wir sahen ihr nach, bis wir sie aus den Augen verloren. Unterwegs rief sie unentwegt ihre Schafe, hütete sie und kümmerte sich um sie. Unter ihren starken und tüchtigen Händen waren sie sicher.

Den Hirten auf dem Hügel von Bethlehem wurde „große Freude" verkündet. Diese Hirten hatten ohne Zweifel eine große Ähnlichkeit mit unserer außergewöhnlichen, jungen Freundin.

......

Engel bewachen das Christkind

Eine der größten Bedrohungen für Jesus war Herodes der Große. Er regierte von 37 bis 4 v. Chr. und war König, als Jesus geboren wurde. Herodes war ein ehrgeiziger Tyrann, völlig skrupellos, emotional labil und voller Angst, dass jemand seine Macht an sich reißen könnte. Als die Sterndeuter aus dem Orient dem Stern von Bethlehem folgten, statteten sie Herodes einen Höflichkeitsbesuch ab, weil sie sein Gebiet betreten hatten. Sie fragten ihn: „Wo ist der neugeborene König der Juden? Wir haben seinen Stern aufgehen sehen und sind aus dem Osten hierhergekommen, um ihm die Ehre zu erweisen.' Als König Herodes das hörte, war er bestürzt und mit ihm alle Einwohner Jerusalems" (Matthäus 2,2–3).

Herodes, der paranoide und blutrünstige Herrscher, täuschte die Sterndeuter, um herauszufinden, wo das Baby, der „König der Juden", versteckt wurde. Von den Hohepriestern und Schriftgelehrten erfuhr er, dass der versprochene Retter in Bethlehem geboren werden sollte, einem Dorf, ungefähr acht Kilometer südlich von Jerusalem in der Provinz Judäa. Er schickte die Sterndeuter dorthin und bat sie, ihm mitzuteilen, wenn sie ihn gefunden hatten, damit er das Kind ebenfalls anbeten könne.

Die Sterndeuter zogen los und der Stern führte sie weiter nach Bethlehem, bis er über dem Ort stehen blieb, an dem Josef und Maria sich aufhielten. Manchmal werden in der Bibel Engel als Sterne bezeichnet. Ich habe mich schon oft gefragt, ob dieser helle Stern nicht in Wirklichkeit ein strahlend heller Engel gewesen ist.

Die Sterndeuter waren wohlhabende, mächtige Männer mit hohem Ansehen. Als sie das Kind gefunden hatten, waren sie außer sich vor Staunen und Freude. Sie knieten vor ihm nieder und beteten es an. Sie packten ihre Geschenke aus, die sie für Jesus mitgebracht hatten: Gold, Weihrauch und Myrrhe. Seine Eltern würden sie für den nächsten Teil ihrer Reise gebrauchen können.

Und wieder griff ein Engel des Herrn auf dramatische Weise ein. In einem Traum warnte er die Sterndeuter, nicht mehr zu Herodes zurückzukehren, sondern eine andere Strecke für den Heimweg zu nehmen. Sie folgten seinen Anweisungen und entkamen so unbemerkt den Spionen des Herodes.

Herodes' Reaktion darauf unterstreicht noch einmal seinen skrupellosen Charakter. „Herodes war außer sich vor Zorn, als er merkte, dass ihn die Sterndeuter hintergangen hatten. Er ließ alle Jungen unter zwei Jahren in Bethlehem und Umgebung umbringen" (Matthäus 2,16).

Ohne Vorwarnung führten die Soldaten des Herodes das aus, was bis zum heutigen Tag als das „Massaker der Unschuldigen" bekannt ist. Und so führte die Tyrannei eines einzigen Mannes zu tragischen Resultaten: „Schreie der Angst hört man in der Stadt Rama, das Klagen nimmt kein Ende. Rahel weint um ihre Kinder, sie will sich nicht trösten lassen, denn ihre Kinder wurden ihr genommen" (Matthäus 2,18).

Genau eine Nacht, bevor es zu dieser Tragödie kam, erschien ein Engel Josef im Traum und sagte zu ihm: „Steh auf!" Das war ein Befehl, der eine sofortige Handlung erforderte. Der Engel forderte Josef auf, mit Jesus und Maria 160 km nach Süden nach Ägypten zu fliehen und dortzubleiben, bis der Engel ihn wieder zurückrufen würde. Er erklärte ihm, dass Herodes das Kind suchen und töten wollte. Deshalb brach Josef im Schutz der Dunkelheit sofort mit seiner Familie auf und verließ Bethlehem.

Der Befehl des Engels widersprach der Logik, in Bethlehem zu bleiben, wo sie von Familienangehörigen Unterstützung bekommen hätten. Der absolute Gehorsam, den Josef gegenüber den Anweisungen des Engels zeigte, ist bemerkenswert. In dieser extrem gefährlichen Situation verließ er sich völlig auf Gott und zögerte keinen Augenblick, ihm zu gehorchen.

Bibelgelehrte sind sich darin einig, dass sich die Familie nicht lange in Ägypten aufgehalten haben konnte, denn Herodes starb bereits kurze Zeit später. Nach seinem Tod erschien der Engel Josef erneut in einem Traum und sagte: „Steh auf und kehre mit dem Kind und seiner Mutter heim ins Land Israel! Die Leute, die das Kind töten wollten, sind gestorben" (Matthäus 2,20). Und Josef tat, was der Engel ihm befahl.

Nach Herodes' Tod übernahm sein Sohn Archelaus die Herrschaft über Judäa. Josef hatte Angst, dass auch er dem Kind etwas antun könnte. Und wieder schickte Gott einen Engel, der ihm weitere Anweisungen gab: „Gott gab ihm [Josef] im Traum die Anweisung, in die Provinz Galiläa zu ziehen. So kamen sie in die Stadt Nazareth und ließen sich dort nieder" (Matthäus 2,22–23). Maria und Josef waren sicherlich sehr erleichtert, dass sie nach Nazareth zurückkehren durften, wo Jesus gefahrlos aufwachsen konnten.

Über die folgenden „verborgenen Jahre" von Jesus wird in der Bibel wenig berichtet. Wir erfahren lediglich, dass er heranwuchs und mit Gottes Weisheit erfüllt war. Ansonsten gibt es nur einen einzigen kurzen Bericht über ihn, als er zwölf Jahre alt war (siehe Lukas 2,41–51).

Sein nächster öffentlicher Auftritt geschah im Alter von 30 Jahren, als er zu Johannes dem Täufer an den Jordan ging, um sich taufen zu lassen.

Nachdem Jesus getauft worden war und aus dem Wasser stieg, begann er zu beten. Und während er betete, fanden zwei übernatürliche Ereignisse statt. Als Erstes öffnete sich der Himmel und der Heilige Geist kam, wie eine Taube, sichtbar auf ihn herab. Dann sprach eine Stimme vom Himmel und sagte zu ihm: „Du bist mein geliebter Sohn, der meine ganze Freude ist" (Lukas 3,22).

Die Erfüllung mit dem Heiligen Geist und Gottes Liebeserklärung fachten eine übernatürliche Leidenschaft in Jesus an. In den folgenden drei Jahren, in denen Jesus in der Kraft des Heiligen Geistes handelte, war alles, was er sagte und tat, von einer unvergleichlich starken Vollmacht gekennzeichnet, die sich in seinen Heilungen, seiner Liebe und seiner Bereitschaft zu vergeben zeigte.

. . . . . .

Engel begleiten Jesus in der Wüste

Die Worte, die Gott bei Jesu Taufe für alle hörbar gesagt hat, kündigten sowohl der sichtbaren als auch der unsichtbaren Welt an, dass sein Sohn, der Messias, gekommen war. Nun waren beide Welten in höchster Alarmbereitschaft und dies ganz besonders im Anschluss an die Taufe, als Jesus vom Heiligen Geist in die Wüste geführt wurde, wo er vierzig Tage lang betete und fastete.

Während dieser Zeit wurde Jesus dreimal vom Teufel angesprochen, mit der Absicht, ihn auf die Probe zu stellen und zur Sünde zu verführen. Aus dem vollständigen Bericht, der in Matthäus 4 steht, erfahren wir, dass Jesus diesen Kampf beendete, indem er den Teufel mit den Worten abwies: „Weg mit dir, Satan, denn es steht in der Heiligen Schrift: ,Bete allein Gott, deinen Herrn, an und diene nur ihm!'" Weiter heißt es: „Da verschwand der Teufel, und die Engel Gottes kamen und sorgten für Jesus" (Matthäus 4,10–11).

Dass Jesus aber alle Macht und Autorität über seinen Feind hat, sehen wir daran, dass ihm der Teufel in der Wüste gehorchen musste, als er ihm befahl, ihn zu verlassen. Allerdings wird in der Bibel auch betont, dass er ihn nur *für eine Weile* verließ, denn er kehrte immer wieder zurück und versuchte, Jesus in Bezug auf den Willen Gottes herauszufordern.

Es waren also die Engel, die sich um Jesus kümmerten. „Er lebte unter wilden Tieren, und die Engel Gottes dienten ihm" (Markus 1,13). So wie ein Engel Elia mit Essen versorgte, um ihn zu stärken, so kümmerten sich auch die Engel um die Bedürfnisse von Jesus, als er durch seine vierzigtägige Fastenzeit geschwächt war. Sie sorgten nicht nur für sein leibliches Wohl, sondern stärkten und ermutigten ihn auch für die Aufgabe, die vor ihm lag.

. . . . . .

Engel begleiten Jesus während seines Dienstes

Nachdem Jesus den Feind überwunden hatte und von den Engeln gestärkt worden war, verließ er in der *Kraft* des Heiligen Geistes die Wüste. Nun war er bereit für seinen Dienst auf der Erde.

Die direkte Beziehung, in der Jesus mit den Engeln lebte, und der enge Zusammenhang zwischen ihrem Einwirken auf Jesus und seine Jünger wird ganz besonders durch eine bestimmte Geschichte in Johannes 1,43–51 deutlich.

Jesus hatte bereits Andreas und Petrus als seine Jünger auserwählt. Danach beschloss er, nach Galiläa zu gehen und traf unterwegs Philippus, den er einfach aufforderte: „Folge mir nach." Philippus nahm seine Einladung an und stürmte los zu seinem Freund Nathanael. Dem erzählte er: „Wir haben den gefunden, von dem Mose und die Propheten sprechen: Jesus von Nazareth." Nathanael machte sich zwar lustig darüber, dass aus Nazareth doch nichts Gutes kommen könne, aber er willigte ein, Jesus zu treffen.

Als Jesus Nathanael kommen sah, sagte er: „Hier kommt ein aufrichtiger Mensch, ein wahrer Israelit."

Nathanael jedoch zeigte sich davon unbeeindruckt, im Gegenteil, es machte ihn misstrauisch.

„Woher kennst du mich?", fragte er.

Jesus verblüffte ihn mit der Antwort: „Ich habe dich unter dem Feigenbaum sitzen sehen, noch bevor Philippus dich rief."

Nathanael staunte darüber so sehr, dass er nun bereit war, sich für Jesus zu öffnen. Er rief: „Meister, du bist wirklich Gottes Sohn! Du bist der König Israels!"

Während seine Gedanken aufgrund von Jesu Worten immer noch durcheinanderwirbelten, erklärte Jesus ihm, dass er den Himmel offen und die Engel Gottes zwischen Gott und ihm hinauf- und herabsteigen sehen würde. Bei dieser wagemutigen Aussage dachte Nathanael sofort an eine bekannte Geschichte aus dem ersten Buch Mose. Dort steht, dass Jakob in einem Traum eine Leiter (oder eine Treppe) sah, die von der Erde zum Himmel reichte, und auf der die Engel Gottes hinauf- und herabstiegen (siehe 1. Mose 28,12). Auf diese Weise versprach Jesus Nathanael – so wie es Jakob auch versprochen wurde –, dass er eine neue, tiefere Offenbarung erhalten würde.

Dies ist nur ein Beispiel dafür, dass Jesus sich während seines gesamten Dienstes zur Gegenwart und Macht der Engel bekannte. Er erwähnte sie häufig und zeigte uns dadurch, welche wichtige Rolle sie im Königreich Gottes spielen. Ja, die Engel standen ihm sogar in den letzten Stunden seines Lebens hier auf der Erde zur Seite und dienten ihm.

. . . . . .

Engel begleiten Jesus im Garten Gethsemane
Während ich diese Zeilen über die Leidenszeit Jesu schreibe – seine Festnahme, den Prozess und die Kreuzigung –, befinden wir uns zufällig gerade in der Karwoche. Wie üblich bereite ich mich mit einer Fastenzeit und Bibellesen auf Ostern vor. Dieses Mal beschäftige ich mich besonders mit den Passagen, die von den letzten Stunden Jesu handeln. Dabei sind mir viele wertvolle Details über Jesus bewusst geworden: seine tiefe Liebe, sein absoluter Gehorsam und seine völlige Demut, die Art und Weise, wie die Engel ihm dienten und die liebevolle Fürsorge für seine Nachfolger.

Als ich in Jerusalem lebte, fühlte ich mich unzählige Male vom Garten Gethsemane angezogen. Dort saß ich dann unter einem alten, knorrigen Olivenbaum und dachte über die Liebe nach, die der Grund dafür war, warum Jesus dem Weg folgen konnte, den sein Vater für ihn bestimmt hatte.

Jesus hielt sich sehr oft in diesem Garten auf, um zu beten (siehe Johannes 18,2). Doch diese eine Nacht war anders. Jesus wusste das. Er hatte versucht, seine Jünger darauf vorzubereiten, dass er sie bald verlassen würde. Er nahm Petrus, Jakobus und Johannes zur Seite und entfernte sich mit ihnen ein Stück von den übrigen Jüngern.

Dann vertraute er ihnen seinen großen Kummer an und sagte: „Ich zerbreche beinahe unter der Last, die ich zu tragen habe" (Markus 14,34).

Wir können uns vorstellen, wie geschockt seine Freunde darauf reagiert haben. Sie waren mit ihm durch Versuchungen gegangen, hatten freudige und siegreiche Zeiten voller Wunder mit ihm durchlebt. Gemeinsam mit Jesus spürten sie die unheilvolle, dunkle Wolke, die sich über ihnen zusammenballte.

Schließlich bat Jesus sie eindringlich, bei ihm zu bleiben, denn er wollte nicht alleingelassen werden. Er entfernte sich nur wenige Schritte von ihnen, warf sich vor Gott nieder und betete voller Angst: „Mein Vater, wenn es möglich ist, so bewahre mich vor diesem Leiden! Aber nicht was ich will, sondern was du willst, soll geschehen" (Matthäus 26,39).

Während Jesus diese Worte betete, litt er solche Todesängste, dass sein Schweiß wie Blut auf die Erde tropfte. Hämhidrose ist ein seltener medizinischer Zustand, bei dem sich Schweiß und Blut miteinander vermischen. Dabei reißen die winzigen Blutgefäße, die die Schweißdrüsenkapillare umgeben, und das austretende Blut wird zusammen mit dem Schweiß ausgeschieden. Als Ursache werden fast immer extreme Angstzustände angegeben. Diesen Zustand erlebte Jesus, als er den Willen seines Vaters akzeptierte und seinen eigenen Willen an ihn abtrat.

Wir können förmlich spüren, wie sehr Jesus sich quälte, wie groß seine Schmerzen und seine Einsamkeit waren. Obwohl seine Jünger im Garten bei ihm waren, konnten sie ihm nicht die Unterstützung geben, die er brauchte. Sie kamen noch nicht einmal mit ihrem eigenen Kummer und ihrer Trauer zurecht. Und so erhielt Jesus in den schlimmsten Stunden der Angst keinen menschlichen Trost.

Doch mitten in seiner größten Not schickte der Vater seinem Sohn einen mächtigen Engel, der ihn für die Tortur, die ihm bevorstand, stärken sollte. Vergessen wir nicht, er litt Todesängste, aber dieser heilige Engel hatte die bemerkenswerte Fähigkeit, Gottes leidendem Sohn Kraft und Stärke zu geben. Die Gegenwart des Engels gab Jesus in seiner Menschlichkeit das Vermögen, die Sünden der ganzen Welt auf sich zu nehmen.

Im Matthäusevangelium wird uns berichtet, dass während Jesu Verhaftung im Garten Gethsemane gemeinsam mit Judas viele mit Schwertern und Knüppeln bewaffnete Männer auftauchten. Als diese Jesus festnehmen wollten, griff Petrus nach einem Schwert und schnitt Malchus, dem Diener des Hohepriesters, ein Ohr ab. Jesus befahl ihm daraufhin, das Schwert wegzustecken und ermahnte ihn, dass jeder, der Gewalt anwendet, auch durch Gewalt umkommen wird.

Und dann machte er eine bemerkenswerte Aussage: „Wisst ihr denn nicht, dass ich meinen Vater um Tausende (zwölf Legionen) von Engeln bitten könnte, um uns zu beschützen, und er würde sie sofort schicken?" (Matthäus 26,53; NL).

Aber Jesus rief die kriegerischen Engel nicht zu Hilfe. Er wusste, dass ihn der Weg des Leidens zum Kreuz führte. Er wandte sich an die, die ihn verhafteten und sagte: „Jeden Tag war ich im Tempel. Warum habt ihr mich nicht dort festgenommen? Aber jetzt ist eure Stunde da. Jetzt hat die Finsternis Macht" (Lukas 22,53). Die Mächte der Dunkelheit hatten den günstigen Augenblick wahrgenommen.

Bevor sie Jesus zum Prozess vor den Hohen Rat schleppten, offenbarte Jesus noch einmal sein besonderes Wesen und seinen untadeligen Charakter, indem er zwei Handlungen ausführte, die von seiner selbstlosen Freundlichkeit und Liebe zeugten. Er streckte ein letztes Mal seine heilende Hand aus und machte

Malchus' abgeschnittenes Ohr wieder gesund. Dann wandte er sich an die Soldaten und beschwor sie, seine Jünger in Frieden gehen zu lassen.

Jesus liebte die Seinen bis ans Ende, obwohl er seinem eigenen Tod entgegenging. Seine liebevolle Fürsorge war außergewöhnlich, und am Ende konnte er zu seinem Vater sagen: „Keiner von denen, die du mir gegeben hast, ist verloren gegangen."

Was dann folgte war unaussprechliches Leiden und schließlich die Verurteilung zum Tod am Kreuz. Auf einem Hügel namens Golgatha, auch Schädelstätte genannt, wurde er zwischen zwei Verbrechern gekreuzigt. Jesus hing für die Sünden der Welt am Kreuz. Dort wurde er beleidigt, verspottet und ausgelacht. Nur wenige seiner Nachfolger blieben unter dem Kreuz bei ihm.

. . . . . .

Am Mittag wurde es plötzlich im ganzen Land dunkel. Diese Finsternis dauerte drei Stunden. Dann zerriss im Tempel der Vorhang vor dem Allerheiligsten von oben bis unten.

Jesus schrie noch einmal laut auf: „Vater, in deine Hände gebe ich meinen Geist!" Dann starb er. *Lukas 23,44–46*

Als Gott seinen Sohn Jesus schickte, um die Welt durch sein Leben, seinen Tod und seine Auferstehung zu retten, war er vollkommen von Liebe motiviert. „Denn Gott hat die Menschen so sehr geliebt, dass er seinen einzigen Sohn für sie hergab. Jeder, der an ihn glaubt, wird nicht zugrunde gehen, sondern das ewige Leben haben" (Johannes 3,16). Wir können die Tiefe von Gottes Liebe nicht verstehen, diese Liebe, die Jesus am Kreuz festhielt und ihn davon abhielt, sich von den Engeln, von denen er umgeben war, helfen zu lassen.

Wir können uns das Drama nur vorstellen, das sich in der übernatürlichen Welt entfaltete: Engel, die voller Entsetzen zusahen, wie Jesus litt und starb. Ihr Herr und Meister wurde verraten, verspottet und brutal ermordet. Die Engel hatten nicht die Erlaubnis sich einzumischen, sie durften nur zusehen. Sie haben Jesus unaufhörlich gedient, zuerst im Himmel, dann von der Zeit seiner Empfängnis bis zu diesem entsetzlichen, jedoch heiligen Moment. Die große, herrliche Freude, die die Engel bei seiner Geburt zum Ausdruck gebracht haben, wurde vorübergehend von seinem qualvollen Tod überschattet. Das war jedoch nicht von langer Dauer, denn es wartete unbeschreibliche Freude auf sie!

· · · · · ·

Engel begleiten Jesus bei seiner Auferstehung

Nachdem Jesus gestorben war, ging Josef von Arimathäa, der ein heimlicher Nachfolger Jesu war, zu Pilatus und bat um die Erlaubnis, den Leichnam Jesu vom Kreuz zu nehmen und zu begraben. Pilatus erlaubte es. Da nahmen Josef, Nikodemus, Maria (die Mutter Jesu) und Maria Magdalena gemeinsam mit ein paar anderen Frauen Jesu zerschundenen und zerschlagenen Körper und wickelten ihn in ein neues Leinentuch. Sie legten ihn in ein frisch aus den Felsen gehauenes Grab.

Das Grab wurde mit einem großen, scheibenförmigen Stein versiegelt, den sie davorrollten, um den Eingang zu verdecken. Da gerade Sabbat war, beschlossen die Frauen später zurückzukehren, um den Leichnam mit Gewürzen und Ölen einzubalsamieren.

Am dritten Tag nach dem Tod Jesu kehrten die Frauen also im Morgengrauen an das Grab zurück. Unterwegs machten sie sich Gedanken darüber, wer ihnen wohl den schweren Stein zur Seite schieben könnte. Doch als sie das Grab erreichten, geschah Folgendes: „Plötzlich fing die Erde an zu beben, und ein Engel Gottes kam vom Himmel herab, wälzte den Stein vor dem Grab beiseite und setzte sich darauf. Er leuchtete hell wie ein Blitz, und sein Gewand war weiß wie Schnee" (Matthäus 28,2–3).

Die Frauen waren von Ehrfurcht überwältigt. Dann sagte der Engel zu ihnen: „Fürchtet euch nicht! Ich weiß, dass ihr Jesus, den Gekreuzigten, sucht. Er ist nicht mehr hier. Er ist auferstanden, wie er es vorhergesagt hat. Kommt und seht euch die Stelle an, wo er gelegen hat" (Matthäus 28,5–6).

Dieser mächtige, strahlende Engel verursachte ein Erdbeben, und die entsetzten römischen Wachposten fielen vor Schreck in Ohnmacht. Die Frauen standen zitternd vor Angst daneben. Auf dem Antlitz des Engels spiegelte sich die Herrlichkeit des Himmels wider. Mit einer Stimme, die wie ein Donnergrollen klang, verkündete er die leidenschaftlichste Botschaft seit der Ankündigung der Geburt Jesu durch einen Engel in Bethlehem: „Er ist nicht mehr hier! Er ist auferstanden!"

Tod, Verzweiflung und das Böse waren besiegt. Es gab wieder Hoffnung, und alles, was Jesus ihnen angekündigt hatte, war erfüllt worden. „Das Leben hat den Tod überwunden" (1. Korinther 15,54). Man kann sich kaum ausmalen, wie verstört und aufgeregt die Frauen reagierten. Sie schauten in das Grab, wo sie zwar die Leinentücher, aber keinen Leichnam mehr sahen. Stattdessen saßen dort zwei Engel, die ihnen freudig verkündeten: „Er ist nicht mehr hier! Er ist auferstanden!"

Der Engel am Grab beauftragte Maria Magdalena, den Jüngern zu sagen, dass sie nach Galiläa zurückkehren sollten und Jesus dort auf sie warten würde.

. . . . . .

Engel begleiten Jesus bei seiner Rückkehr in den Himmel
Lukas berichtet uns Folgendes: „Diesen Männern hat er sich auch nach seinem Leiden und Sterben gezeigt und damit bewiesen, dass er tatsächlich auferstanden ist. Vierzig Tage lang sahen sie ihn, und er sprach mit ihnen über Gottes neue Welt" (Apostelgeschichte 1,3). Manchmal wünschte ich, dass wir mehr darüber wüssten, was Jesus in diesen vierzig Tagen, bevor er in den Himmel ging, getan und gesagt hat. Eines ist jedenfalls sicher: Er hörte nicht auf, die Jünger zu ermutigen, er bildete sie aus und gab ihnen die notwendige Ausrüstung, damit sie das Königreich Gottes überall verkündigen konnten.

Als sie zum letzten Mal miteinander aßen, gab Jesus ihnen die wahrscheinlich wichtigste Anweisung für das Wachstum seiner Gemeinde. Er wusste, dass er sie bald verlassen würde und wollte ihnen vorher unbedingt versichern, dass er sie nicht alleinlassen würde. Er trug ihnen auf, auf das Geschenk des Heiligen Geistes und auf seine Kraft zu warten, denn das würde sie befähigen, seine Zeugen zu sein „bis ans Ende der Erde".

Ein letztes Mal führte Jesus seine Jünger das Kidrontal hinunter, am Garten Gethsemane vorbei und den Osthang hinauf zum Ölberg. Den Jüngern war wahrscheinlich nicht bewusst, dass dies ihr letzter gemeinsamer Tag mit Jesus war.

Doch jetzt war der Augenblick des Abschieds gekommen. Der Blick Jesu ruhte liebevoll auf jedem Einzelnen seiner geliebten

Freunde; vielleicht hat er sie noch umarmt und geküsst. Dann hob er seine Hände, um sie ein letztes Mal zu segnen. Lukas berichtet: „Noch während er sie segnete, entfernte er sich von ihnen und wurde zum Himmel emporgehoben" (Lukas 24,51). „Eine Wolke verhüllte ihn vor ihren Augen, und sie sahen ihn nicht mehr" (Apostelgeschichte 1,9).

Jesus fuhr gen Himmel und war dabei von einer Wolke umhüllt. Billy Graham schreibt dazu in seinem Buch „Engel – Gottes Geheimagenten" (Hänssler Verlag, 1975, S. 98): „Als Jesus auf die Erde kam, begleiteten ihn die Engelheere. Ich glaube, dass das Wort ‚Wolke' darauf hinweist, dass Engel gekommen waren, um Jesus wieder zurückzubringen zur Rechten Gottes, des Vaters."

In der Bibel wird immer wieder von der *Wolke der Herrlichkeit* berichtet. Das ist normalerweise ein Hinweis auf die mächtige Gegenwart Gottes. Im Buch Hesekiel steht zum Beispiel: „Die Erscheinung der Herrlichkeit des Herrn erhob sich vom Thron über den Engeln und ließ sich an der Schwelle des Tempels nieder. Der ganze Tempel wurde von der Wolke erfüllt, und der Vorhof erstrahlte im Licht der Herrlichkeit des Herrn" (Hesekiel 10,4). Jesus wurde emporgehoben, begleitet von einem Heer leuchtender Engel und umgeben von einem blendend hellen Licht. Sie geleiteten ihn in die Gegenwart Gottes, wo er von einer unzähligen Schar von Engeln begrüßt wurde. Er verschwand nicht einfach bloß. Er wechselte über in eine andere Dimension, in das Königreich Gottes.

Die Jünger waren über seinen plötzlichen Weggang vollkommen verblüfft. Sie standen da und starrten in den Himmel, als sie auf einmal merkten, dass *zwei weiß gekleidete Männer* neben ihnen standen.

„‚Ihr Galiläer‘, sprachen sie die Jünger an, ‚was steht ihr hier und seht ihr zum Himmel? Gott hat Jesus aus eurer Mitte zu sich in den Himmel genommen, aber eines Tages wird er genauso zurückkehren‘" (Apostelgeschichte 1,11). Gott hatte ihnen zwei Engel gesandt, um ihnen die überwältigende Botschaft zu bringen: Jesus wird wiederkommen!

Auf einmal erinnerten sie sich an die Worte, die Jesus ihnen über das Ende der Zeit gesagt hatte: „Doch dann werden alle Völker sehen, wie der Menschensohn in den Wolken mit großer Macht und Herrlichkeit kommt" (Lukas 21,27). Auch bei seinem zweiten Kommen wird Jesus in einer Wolke der Herrlichkeit zurückkehren.

Als sie das gehört hatten, waren die Jünger vor Freude überwältigt und fingen an, Gott anzubeten. Alles, was er ihnen gesagt hatte, war geschehen. Er hatte ihnen versprochen (Matthäus 28,20): „Ihr dürft sicher sein: Ich bin immer bei euch, bis das Ende dieser Welt gekommen ist!"

Engel während der Verkündigung des Evangeliums

Da wir nun so viele Zeugen
des Glaubens um uns haben ...
HEBRÄER 12,1

Nach der Himmelfahrt Jesu und dem Pfingstereignis war die erste Gemeinde gegründet. Lukas gibt uns in der Apostelgeschichte einen ausführlichen, historischen Bericht über die ersten 30 Jahre der Gemeinde. In diesem dramatischen Buch werden wir Zeuge von Prüfungen, Bekehrungen, Heilungen, Reiseerlebnissen, Auseinandersetzungen und Streitgesprächen, Gefängnisaufenthalten und dem Wirken und Handeln von Engeln. Jesus hat sich während seines Dienstes hier auf der Erde auf die Engel verlassen und dieses reiche Erbe hat er an seine Apostel und Jünger weitergegeben.

Dementsprechend haben die ersten Christen auch verstanden, dass Engel dienstbare Wesen sind. Sie werden gesandt, um denen zu helfen, denen Gott Rettung schenken will (Hebräer 1,14). Damals schien es nichts Ungewöhnliches zu sein, wenn man einen Engel sah. Die Gläubigen schätzten und respektierten den Dienst der Engel in ihrem täglichen Leben sehr. Heute scheint das genau umgekehrt der Fall zu sein. Wer mit anderen über die Hilfe von Engeln sprechen will, wird wahrscheinlich überraschte, vielleicht sogar auch abwehrende Reaktionen bekommen. Auch von Christen!

Doch die Engel sind unter uns. Die Begegnungen mit ihnen sind heute noch genauso dramatisch, wie das damals bei den ersten Christen der Fall war. Im vorliegenden Kapitel sehen wir uns einige Berichte aus der Apostelgeschichte an, in denen immer wieder Engel vorkommen. Sie führen auch nach der Himmelfahrt Jesu treu ihren Dienst fort und helfen den Gläubigen, das Königreich Gottes voranzubringen.

. . . . . .

Der Ausbruch der Apostel aus dem Gefängnis

Als Folge der vielen Zeichen und Wunder durch die zwölf Apostel (für Judas war ein anderer Jünger ausgewählt worden) wurden Tausende von Menschen in Jerusalem gläubig. Deshalb dauerte es nicht lange, bis die Hohepriester und Sadduzäer so eifersüchtig wurden, dass sie die Festnahme der Apostel anordneten. Sie wurden ins öffentliche Gefängnis geworfen und warteten dort auf den Prozess vor dem Hohen Rat am nächsten Tag.

. . . . . .

Aber in der Nacht öffnete ein Engel des Herrn die Gefängnistüren und führte die Apostel hinaus. „Geht in den Tempel", sagte er, „und verkündet dort allen die Botschaft vom neuen Leben durch Jesus!" Also gingen die Apostel frühmorgens in den Tempel und lehrten dort in aller Öffentlichkeit. *Apostelgeschichte 5,19–21a*

Stellen Sie sich vor, wie die Apostel zusammengekauert in ihrer Zelle saßen und dafür beteten, dass Gott eingreift. Plötzlich erschien ein mächtiger „Engel des Herrn". So werden die Engel in der Apostelgeschichte an fünf verschiedenen Stellen genannt. Er befreite sie, damit sie ihre Arbeit fortführen konnten. Der Engel öffnete ihnen nicht nur die verschlossenen und bewachten Türen, sondern führte sie auch aus der Gefangenschaft heraus.

Als der Hohepriester die Apostel zum Verhör holen ließ, wurde ihm berichtet: „Die Gefangenen sind fort. Die Türen des Gefängnisses waren sorgfältig verschlossen, und die Wachen standen davor. Aber als wir die Türen öffneten, war niemand in der

Zelle" (Apostelgeschichte 5,23). Wie konnten die Wachen einen mächtigen, leuchtenden Engel mit zwölf Männern im Gefolge bloß übersehen?

Während der Hohepriester und der Befehlshaber der Tempelwache noch herumrätselten, wo die Apostel stecken könnten, eilte jemand mit der Nachricht herein, dass man sie im Tempel gefunden hatte und sie dort lehrten. Auf die ungeheuerliche Befreiung der Apostel folgte der Mut, gleich wieder in der Öffentlichkeit aufzutreten. Letztlich wurden sie doch noch in den Gerichtssaal gebracht, wo sie ermahnt wurden, nicht mehr über Jesus zu sprechen.

Petrus und die anderen verkündeten jedoch mutig vor den Hohepriestern und dem gesamten Hohen Rat die Wahrheit über Jesus. Dabei dürfen wir nicht vergessen, dass das dieselben religiösen Anführer waren, die Jesus verurteilt und seine Kreuzigung gefordert hatten.

In maßloser Wut verlangten alle Anwesenden sofort: „Tötet sie! Bringt die Botschaft vom Königreich Gottes zum Schweigen!" Doch Gamaliel, ein Pharisäer und einer der angesehensten Schriftgelehrten seiner Zeit, empfahl: „Lasst diese Männer in Ruhe! Wenn es ihre eigenen Ideen und Taten sind, für die sie sich einsetzen, werden sie scheitern. Steht aber Gott dahinter, könnt ihr ohnehin nichts dagegen unternehmen. Oder wollt ihr als Leute dastehen, die gegen Gott kämpfen?" (Verse 38–39).

Die Botschaft von Gottes geliebtem Sohn kann nicht zum Schweigen gebracht werden. Besonders nicht bei denen, die vom Heiligen Geist erfüllt und mit Engeln unterwegs sind. Die Apostel wurden ausgepeitscht und bekamen die Anweisung, nicht mehr von Jesus zu sprechen. Danach verließen sie voller Freude den Hohen Rat. „Sie lehrten weiter jeden Tag öffentlich im Tempel und auch in Häusern und verkündeten, dass Jesus der Christus ist, der schon lange erwartete Retter" (Vers 42).

Die Befreiung aus Gefängnissen und Haftanstalten kann viele verschiedene Formen annehmen. Das zeigt uns die nächste Geschichte, in der es um einen gebrochenen jungen Mann geht. Wir sehen, dass die Engel heute noch ihren Dienst fortführen und Gefangene befreien, damit die Botschaft des Königreichs weiter verkündigt werden kann.

. . . . . .

Engel in der Nacht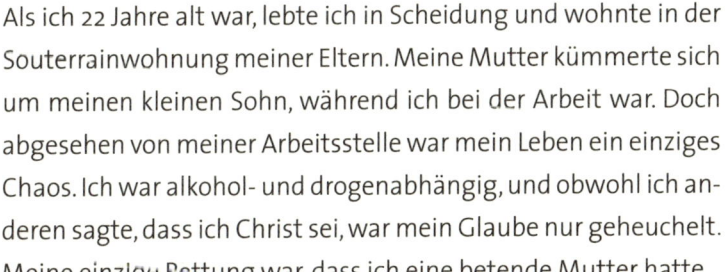

Als ich 22 Jahre alt war, lebte ich in Scheidung und wohnte in der Souterrainwohnung meiner Eltern. Meine Mutter kümmerte sich um meinen kleinen Sohn, während ich bei der Arbeit war. Doch abgesehen von meiner Arbeitsstelle war mein Leben ein einziges Chaos. Ich war alkohol- und drogenabhängig, und obwohl ich anderen sagte, dass ich Christ sei, war mein Glaube nur geheuchelt. Meine einzige Rettung war, dass ich eine betende Mutter hatte.

Jeden Abend rauchte ich nach der Arbeit Marihuana und ging anschließend in Nachtclubs, um dort Frauen aufzureißen. Doch eines Abends war das aus irgendeinem Grund anders. Ich hatte kein Bedürfnis nach Drogen und auch mein Besuch im Nachtclub machte mir keinen Spaß. Besonders merkwürdig war, dass ich noch nicht einmal das Bedürfnis hatte, Alkohol zu trinken. Damals habe ich nicht lange darüber nachgedacht, aber heute weiß ich, dass Gott mich auf eine Begegnung mit ihm vorbereitete.

Ungefähr um 22 Uhr war ich wieder zu Hause, was für mich sehr früh war. Ich lief durch das Haus meiner Eltern und knipste die Lichter aus, bevor ich nach unten in meine Wohnung ging. Auf einmal sah ich in der Dunkelheit zwei Engel in weißen Gewändern, die wie zwei große Männer aussahen. Ich war völlig verblüfft und ging langsam auf sie zu. Der Engel auf meiner rechten Seite hatte prächtige, große Flügel und lange Haare, die wie Gold schimmerten. Seine bronzefarbene Haut leuchtete hell und er lächelte ein warmes, breites Lächeln.

Der andere Engel hatte ähnliche Flügel und bronzefarbene Haut, aber seine Haare waren gelockt und pechschwarz. Beide trugen ein Schild vor der Brust und ein Schwert in der Hand. Sie sahen aus, als wären sie für einen Kampf bereit. Der Dunkelhaarige sprach zu mir, ohne dabei seinen Mund zu öffnen.

Er sagte: „Du musst aufhören mit dem, was du tust!"

Daraufhin war ich so entsetzt, dass ich sofort in mein Zimmer rannte, auf die Knie ging und betete.

Mit der Zeit schaffte ich es mit Gottes Hilfe, mein Leben zu ändern und irgendwann wurde ich Pastor.

35 Jahre nach jenem Abend besuchte ich ein Seminar zum Thema „Heilungsgebete" bei Francis und Judith McNutt. Eines Morgens ging ich in ihr Büro, um dort mit einer ihrer Mitarbeiterinnen zu sprechen, und dort hing an der Wand eine Engelsikone, die eine frappierende Ähnlichkeit mit einem der Engel hatte, der mir damals im Alter von 22 Jahren erschienen war. Am selben Tag betete Judith während einer Gebetsversammlung für mich, und als sie mir die Hände auflegte, sah ich meine beiden Engel rechts und links hinter ihr stehen. Ich weinte vor Freude, weil Gott mir durch diese Engel seine unaufhörliche Treue bestätigte.

Raul Toro

Heute ist Raul ein begnadeter Pastor, der Gott dient, indem er sich um bedürftige Menschen kümmert. Wie wunderbar ist es doch, dass Gott ihm noch einmal einen Blick auf die beiden Engel gestattete, die ihn seit über 35 Jahren begleiteten!

. . . . . .

Die wunderbare Rettung des Petrus aus dem Gefängnis

Der Bericht von Petrus' Festnahme und von seiner übernatürlichen Befreiung in Apostelgeschichte 12 gehört zu meinen Lieblingsgeschichten über Engel in der Bibel, denn in ihr werden zwei Fakten über Engel aufgedeckt:

1. Sie werden von Gott auf übernatürliche Weise dazu befähigt, ihren Auftrag auszuführen.
2. Die Christen in der ersten Gemeinde waren überzeugt, dass jeder Gläubige einen Schutzengel bekommt, der sich um sie kümmert.

Während des Festes der ungesäuerten Brote verfolgte König Herodes weiterhin die Gemeinde Jesu. Er ließ den Apostel Jakobus töten und merkte, dass er sich damit bei den Juden beliebt machte, weshalb er auch Petrus gefangen nehmen ließ. Nach dem Passahfest hatte er dann vor, ihm den Prozess zu machen. Damit Petrus nicht fliehen konnte, ließ König Herodes ihn schwer bewachen: vier Gruppen von jeweils vier Soldaten, die sich alle sechs Stunden abwechselten, waren zu seiner Bewachung abgestellt.

In jener Nacht, während die Gläubigen in Jerusalem für Petrus' Befreiung beteten, erfüllte ein strahlendes Licht die Gefängniszelle und ein Engel erschien. Petrus lag in Ketten und schlief zwischen zwei Soldaten. Als der Engel Petrus anstieß, um ihn aufzuwecken, fielen sofort die Ketten von seinen Handgelenken ab. Daraufhin befahl ihm der Engel, sich anzuziehen und ihm zu folgen. Petrus gehorchte und er konnte wunderbarerweise an allen Wachposten vorbeigehen, ohne dass sie ihn bemerkten. Schließlich kamen sie an das schwere Eisentor, das zur Stadt führte, und auch das öffnete sich vor ihren Augen, sodass sie ungehindert hindurchgehen konnten. Als sie dann die Straße hinunterliefen, war auf einmal der Engel verschwunden und zurück blieb nur der erstaunte Petrus. Erst an diesem Punkt erkannte er, dass dies nicht einfach nur ein Traum gewesen war. Gott hatte tatsächlich einen Engel gesandt, um ihn vor dem sicheren Tod zu bewahren.

Schnell eilte Petrus zum Haus von Maria, der Mutter von Markus, in dem sich die Gläubigen versammelt hatten, um für ihn zu beten. An dieser Stelle der Geschichte folgt ein Gesprächsaustausch zwischen Petrus, Rhode und den anderen Gläubigen. Man kann sich die Szene beim Lesen lebhaft vorstellen. Petrus stand vor dem Haus und klopfte hastig an die Tür. Dabei warf er immer wieder einen ängstlichen Blick über die Schulter, weil er befürchtete, Herodes' Wachen könnten ihm auf den Fersen sein. Das Dienstmädchen Rhode ging zur Tür, um zu öffnen. Doch als sie Petrus' Stimme erkannte, war sie so aufgeregt, dass sie zurück ins Haus rannte, ohne ihn hereinzulassen. Also klopfte er weiter wie ein Weltmeister an die Tür.

Die Christen aus der Gemeinde flehten Gott immer noch um Petrus' Befreiung an, als Rhode zu ihnen eilte und aufgeregt berichtete, dass Petrus vor der Türe stand. Und wie war ihre erste Reaktion? „Du musst dich irren!"

So viel zu ihrem Glauben, dass Gott ihr Gebet erhörte. Als Rhode aber darauf beharrte, dass es Petrus sei, was war ihre zweite Reaktion? „Vielleicht ist es sein Engel!"

An dieser Aussage wird deutlich, wie fest sie daran glaubten, dass ein Engel das Aussehen seines Schützlings annehmen kann. Und während sie so diskutierten, hörte Petrus nicht auf, gegen die Tür zu hämmern. Als sie dann schließlich doch noch erkannten, dass es tatsächlich Petrus war, der dort stand, waren sie überrascht.

Petrus erzählte ihnen die unglaubliche Geschichte, wie es zu seiner Flucht gekommen war. Und ich bin sicher, dass alle Anwesenden von einer tiefen Ehrfurcht ergriffen wurden und sie anschließend voller Freude Gott dafür dankten, dass er durch die Kraft seines mächtigen Engels eingegriffen hatte.

Als Herodes am nächsten Morgen hörte, dass Petrus trotz seiner Vorsichtsmaßnahmen entkommen war, ließ er die Wachen verhören und ordnete dann deren Hinrichtung an.

Herodes bewegte sich nicht nur hinsichtlich seiner Christenverfolgung auf einem gefährlichen Terrain gegenüber Gott, auch mit seinem Auftreten gegenüber dem Volk, von dem er sich wie ein Gott verehren ließ, verhielt er sich anmaßend. Eines Tages hielt er in königlichem Prachtgewand in Cäsarea eine Ansprache. Das Volk war begeistert von ihm und jubelte ihm zu: „So spricht nur Gott und kein Mensch!" Bereits im selben Augenblick wurde er von einem Engel bestraft, weil er nicht Gott verehrte, sondern sich verehren ließ. „Er wurde von Würmern zerfressen und starb unter Qualen" (Apostelgeschichte 12,23).

Herodes und seine Schergen hatten keinen Erfolg mit ihrer Verfolgung – ganz im Gegenteil –, denn es glaubten immer mehr Menschen an Gottes Botschaft.

Auch heute noch kämpfen dieselben dunklen Mächte, von denen Herodes angeleitet wurde, gegen Gottes Königreich. Aber Gott sendet immer noch seine schützenden Engel, um uns zu behüten und zu leiten. Ja, er kommt selbst an die dunkelsten Orte und greift helfend ein, wie es die folgende Geschichte zeigt.

. . . . . .

Schutz in einem gefährlichen Elendsviertel

Mzamom'hle Township oder M-Town ist ein riesiger Slum, in dem 50 000 Menschen leben. Der Ort ist bekannt als einer der gefährlichsten Elendsviertel in Südafrika und gehört in ganz Afrika zu den Städten mit der höchsten Zahl von Alkohol- und Drogenmissbrauch, Kriminalität und Vergewaltigungen. Als ich meinen Dienst in Südafrika antrat, wurde ich davor gewarnt, in dieses Elendsviertel zu gehen.

Im darauffolgenden Jahr lernte ich jedoch einige „wichtige" Einheimische kennen, die mir in den weniger gefährlichen Teilen des Slums ein gewisses Maß an Sicherheit gewähren konnten. Kurze Zeit später stellte unser Missionswerk einen einheimischen Pastor ein, einen jungen Mann aus dem Volk der Xhosa. Sein Name war Vuzi, aber bei den Einheimischen war er besser bekannt als Chief, denn er war im Gegensatz zu den meisten Xhosas ein großer und imposanter Mann. Außerdem genoss er ein sehr hohes Ansehen, auch wegen seines großen Glaubens.

Wir nahmen ihn jedes Mal mit, wenn wir die Ärmsten der Armen besuchten. Ich wusste, dass ich als weiße Leiterin unseres Missionswerks ein Angriffsziel darstellte. Deshalb befolgte ich drei Sicherheitsregeln: Geh niemals bei Dämmerung in das Viertel. Verlass niemals die Hauptstraßen ohne Begleitung eines hoch angesehenen Einheimischen, vorzugsweise Chief. Halte dich fern von Sektion H.

Sektion H ist der gefährlichste Teil von M-Town. Die meisten der dortigen Einwohner trauen sich bei einsetzender Dunkelheit nicht mehr nach draußen. Selbst am Tag beeilen sich die Frauen und Kinder, die dort wohnen, schnell nach Hause zu kommen, wo sie dann die maroden Türen fest hinter sich verschließen. Die meisten Morde und fast alle Vergewaltigungen passieren hier. Doch nicht nur der dunkle Geist war für diese Gegend kennzeichnend, sondern auch ihr finsteres Aussehen, denn im Township kommt es häufig zu Selbstjustiz, wobei zur Abschreckung gelegentlich abgetrennte Körperteile an Pfählen aufgespießt werden. Es ist ein Ort der Verzweiflung und Angst.

Eines Tages besuchte ich mit einem Team, bestehend aus einem Bewacher und einem Übersetzer, einige der bedürftigsten Bewohner in dieser Gegend. Chief war nicht dabei. Wir versuchten, Sektion H zu umgehen, waren dann aber doch auf Seitenwegen tief in dieses Gebiet hineingeraten.

Ich war auf der Suche nach einem bestimmten Kind und dachte, ich hätte die Hütte erkannt, in der es wohnte. Rasch ging ich in gebückter Haltung hinein und sprach mit der einsamen, alten Frau, die dort am Boden saß. Da das Kind aber nicht dort war, beeilte ich mich, wieder hinauszukommen. Ich sah mich suchend nach meinem Team um, beide Männer waren nirgends zu sehen.

Da betete ich zu Gott und bat ihn, mich sicher aus diesem gefährlichen Ort herauszubringen und mich schützend mit seinen Engeln zu umgeben. Die Straße, der ich folgte, machte auf einmal eine Biegung, und ich stand unerwartet vor einer Gruppe der berühmt-berüchtigten Tsotsis, der Gangster dieses Viertels.

Sie waren bewaffnet und betrunken. Als sie mich erkannten, riefen sie mir etwas zu, doch ich ging gar nicht darauf ein, sondern begann sofort zu rennen, ohne mich noch einmal umzudrehen. Im Nachhinein war ich Gott unglaublich dankbar, dass er mich beschützt hat und ich dann heil nach Hause kam.

Am nächsten Tag arbeitete ich wieder in unserer Behelfsklinik. Auf einmal sah ich einen der jungen Tsotsis, denen ich am Tag zuvor begegnet war. Als ich auf ihn zuging, brach er in hysterisches Gelächter aus und ermahnte mich, mich ja nie wieder in seinem Gebiet blicken zu lassen.

Er sagte: „Du hast Glück gehabt, dass Chief bei dir war, Mann!" Ich traute meinen Ohren nicht. „Ja, Chief, Mann", wiederholte er scharf. „Er sah ziemlich verärgert aus, dass wir dich so angepöbelt haben!"

Ich wusste genau, dass Chief sich den ganzen Tag auf der andern Seite des Viertels aufgehalten hatte, aber dieser Tsotsi und seine Freunde hatten ihn an meiner Seite gesehen. Mit einem verärgerten Blick! Gott hatte einen Engel geschickt, um mich zu beschützen.

Als ich Chief davon berichtete, was ich erlebt hatte, zuckte er nicht mal mit der Wimper. Er war eher erstaunt, dass ich über Gottes schützendes Eingreifen überrascht war.

Heather Deyo

. . . . . .

Engel halten eine wütende Meute auf

Die beliebte Missionarin der Church of England, Miss Helen Hornby, arbeitete viele Jahre lang als Verantwortliche für eine Schule für verlobte Mädchen unter den Igbo-Frauen im Owerri-District in Ost Nigeria. Die zukünftigen Ehemänner schickten ihre Braut dorthin, damit sie dort nach christlichem Brauch auf die Ehe und die Taufe vorbereitet wurden.

Die meisten Mädchen hatten einen heidnischen Hintergrund und waren mit dem Christentum bisher nur wenig in Berührung gekommen. Miss Hornby und ihre Helfer brachten ihren Schülerinnen bei, die Bibel zu lesen und den Katechismus zu verstehen. Außerdem bereiteten sie sie darauf vor, eine echte Entscheidung für Jesus zu treffen.

Während dieser Zeit erlebten die Menschen im Owerri-District einen finanziellen Einbruch, denn gleichzeitig mit einem neu eingeführten Steuerabgabegesetz sanken die Exportpreise für Palmöl, eines der Hauptprodukte Nigerias, und zu allem Übel schossen auch noch die Preise für Kerosin jäh in die Höhe. Kerosin ist ein wichtiger Brennstoff für die Buschlaternen, die in den meisten Häusern Nigerias die einzige Lichtquelle darstellen.

Diese unglückliche Kombination aus fallenden Preisen und ungewollten Steuererhöhungen führte in der Region zu einer großen Unzufriedenheit, die ihren Höhepunkt im sogenannten „Frauenkrieg" erreichte. Eine starke Gruppe von Geschäftsfrauen verbündete sich und leistete gegen europäische Wirtschaftspraktiken, Institutionen und Interessen gewalttätigen Widerstand.

Eines Abends, als der Frauenkrieg auf Hochtouren lief, näherte sich eine Horde antieuropäisch eingestellter Frauen dem Missionsgelände mit dem Ziel, die Schule in Brand zu stecken. Aus Furcht vor Gewalttätigkeiten versammelte Miss Hornby die Mädchen um sich, um für die Mitglieder der aufgebrachten Meute zu beten. Sie kamen immer näher auf das Gelände zu und versetzten mit ihren lautstarken Drohrufen nicht nur die Schülerinnen, sondern auch die Lehrer in Angst und Schrecken. Trotzdem hielten sie drinnen im Haus den ganzen Abend am Gebet fest.

Inmitten dieses Spektakels hörte der Lärm draußen plötzlich auf und die Meute zog sich augenscheinlich zurück. Alle Anwesenden im Haus dankten und lobten Gott dafür, dass er ihre verzweifelten Gebete erhört hatte. Miss Hornby schickte die Mädchen ins Bett, doch sie selbst setzte sich hin und betete weiter, dankbar dafür, dass Gott die Schule und das Leben der Bewohner beschützt hatte.

Jahrelang wusste niemand, warum die Meute an jenem Abend das Feld geräumt hatte. Der Frauenkrieg nahm ein Ende, und die Feindseligkeit gegenüber europäischen Instituionen ließ nach. Die Schule konnte ihre Arbeit ohne Unterbrechung fortführen, und in der Gegend kehrte wieder Frieden ein.

Zwei Jahre später kam eine junge Frau zur Ausbildung in Miss Hornbys Schule. Kurz vor ihrer Taufe bekannte sie ihr Folgendes: „Mutter, ich war bei den Frauen dabei, die damals an dem Abend hierherkamen, um die Schule niederzubrennen."

Miss Hornby fragte das Mädchen, was der Anlass war, dass sie sich wieder zurückgezogen hatten.

„Wir hatten Angst vor den leuchtenden Gestalten, die vor der Tür standen."

Das Mädchen erklärte, dass sie zwei große Wesen gesehen hatten, während sie sich dem Haus näherten. Ihr Anblick hatte ihnen einen furchtbaren Schrecken eingejagt. Mit diesen beiden unheimlichen Lichtgestalten hatten sie sich lieber nicht anlegen wollen, und hatten sich deshalb in die Dunkelheit zurückgezogen.

Wie ermutigend und schön ist es doch zu wissen, dass Gottes Engel manchmal sichtbar in Erscheinung treten, um diejenigen zu beschützen, die sich selbst nicht helfen können!
Elizabeth M. Wilkinson

Ich bin überzeugt davon, dass die Engel unaufhörlich über Gottes Kindern wachen, selbst wenn sie normalerweise unsichtbar sind. Wenn wir in Gefahr sind, zeigen sie sich jedoch häufig, um unsere Angreifer abzuwehren.

. . . .

Drei Engel weisen den Weg

Während Christen daran arbeiten, das Königreich Gottes voranzubringen, sind auch die Engel direkt beteiligt. Sie bieten uns nicht nur unsichtbaren Schutz, sondern geben uns auch konkrete Anweisungen.

Philippus war ein Evangelist, der den Auftrag hatte, das Evangelium zu verbreiten. Und während er unterwegs war, sagte ein Engel zu ihm: „Geh in Richtung Süden, und zwar auf die einsame Straße, die von Jerusalem nach Gaza führt" (Apostelgeschichte 8,26).

Philippus folgte dem Befehl, woraufhin er unterwegs einem berühmten Äthiopier begegnete, der in seiner Kutsche im Buch des Propheten Jesaja über die messianische Verheißung las, aber vieles nicht verstehen konnte. Die beiden kamen ins Gespräch und Philippus erklärte ihm das Evangelium. Daraufhin nahm der Äthiopier Jesus in sein Leben auf, wurde getauft und reiste mit frohem Herzen weiter.

Auch der Apostel Paulus wurde von einem Engel auf eine anstrengende Reise geführt, bei der er auf machtvolle Weise von Gott berichten konnte.

Paulus war mit anderen Gefangenen zusammen auf einem Handelsschiff unterwegs nach Rom, wo ihm vor Cäsar der Prozess gemacht werden sollte. Unterwegs zog ein heftiger Nordoststurm auf, der das Schiff über mehrere Tage hinweg stark ramponierte. Die Schiffsmannschaft warf die Ladung und sogar ihre Ausrüstung über Bord, um das Schiff leichter zu machen. Ihre Situation wurde zunehmend verzweifelter. Mitten im tobenden Sturm erschien Paulus ein mächtiger Engel Gottes. Er beruhigte und ermutigte ihn mit den Worten: „Fürchte dich nicht, Paulus. Du wirst vor den Kaiser gebracht werden, und auch alle anderen auf dem Schiff wird Gott deinetwegen am Leben lassen" (Apostelgeschichte 27,24).

Sofort rief Paulus die mit Entsetzen erfüllten Männer zusammen und rief ihnen durch den tobenden Sturm zu, dass ein Engel Gottes ihn besucht und ihm zugesichert hätte, niemand von ihnen würde sterben.

Ich frage mich, wie die erfahrenen Seeleute wohl auf die Nachricht reagiert haben, wo sie doch damit rechneten, dass dieser heftige Sturm für sie alle das Ende bedeutete. Bei uns in Florida habe ich schon mehrere Nordoststürme und auch schon einige Hurrikans erlebt. Einer von ihnen entwurzelte zwei riesige Eichen in unserem Garten. Ein anderer Baum fegte einfach so über unser Garagendach hinweg. Ich werde nie vergessen, wie laut und wild dieser Sturm war. Damals müssen die Engel über uns gewacht haben, denn weder unser Haus noch alle, die sich darin aufhielten, kamen zu Schaden.

Auch die 276 Männer an Bord jenes Schiffes, das so heftig im Meer hin- und hergeworfen wurde, blieben verschont. Endlich, am 14. Tag, merkte die Mannschaft, dass sie sich dem Land näherten. Paulus trat als mutiger Anführer auf und gab Anweisungen für das weitere Prozedere. Das ganze Schiff war mit Sicherheit von Engeln umgeben, die es durch den Sturm begleiteten; zwar wurde es dabei zerstört, aber niemand kam ums Leben, genau wie der Engel es vorausgesagt hatte.

Gottes Führung und Bewahrung beim Bau seines Reiches hier auf der Erde erleben wir auch heute noch durch die Kraft des Heiligen Geistes und die übernatürliche Hilfe seiner Engel. Die folgenden Geschichten sollen uns dabei Mut machen.

. . . . . .

Engel in der Ferienbibelschule

Bei meinem zehnjährigen Enkel Simeon wurde Diabetes festgestellt. Selbstverständlich war das für ihn nicht einfach. Er hatte eine Menge Fragen und eine Zeit lang zweifelte er durch die Krankheit sogar an der Existenz Gottes.

An einem Sommerabend fuhr ich Simeon in eine Ferienbibelschule. Als wir dort ankamen, ging Simeon gleich in den Begegnungsraum, in dem die Kinder Zeit im Gebet verbringen konnten. Er hatte sich vor Kurzem an der Schulter verletzt und trug deshalb einen Stützverband. Ein Mitarbeiter merkte das und fragte ihn, ob er für seine Schulter beten dürfe, woraufhin Simeon das Gefühl hatte, dass es seiner Schulter viel besser ging.

Während er uns noch erzählte, was während des Gebets passiert war, begann er plötzlich zu zittern und zu weinen. Er sagte, ein Engel sei mit uns im Raum, und er könne ihn sehen. Simeon fragte den Engel, warum er gekommen sei. Der Engel antwortete, er sei immer bei ihm. Er sei gekommen, um bei seiner Heilung zu helfen.

Dann spürte Simeon ein Kältegefühl auf seinem Rücken und ein Wärmegefühl auf seiner Brust und seinem Bauch. Anschließend hielt das Zittern noch ungefähr 10 Minuten an. Simeon beschrieb den Engel als einen ungefähr zwei Meter großen Mann mit dunklen Haaren. Er trug ein weißes Gewand mit goldener Bordüre und lächelte. Besonders beeindruckend fand Simeon die federigen, silbernen Flügel, die so groß waren, dass sie die Decke und Wände in dem geräumigen Zimmer berührten.

Irgendwann fragte Simeon uns: „Und wer ist der andere Mann in Weiß?" Wir wussten nicht, wen er meinte, deshalb beschrieb er ihn. Schließlich kam Simeon zu dem Schluss, dass es Jesus sein musste, und dass er wohl gekommen war, um ihm zu helfen. Nachdem er das gesagt hatte, wurde auf einmal das ganze Zimmer mit der Herrlichkeit des Himmels erfüllt und wir waren alle sehr bewegt.

Obwohl Simeon in den Händen und Füßen Jesu seine Wunden sah, konnte er ihm nicht direkt ins Gesicht sehen, weil es so hell war. Simeon beschrieb uns weiter, dass Jesus ihn berührte, wodurch sich das Wärmegefühl und das Zittern bei ihm noch verstärkte. Und trotz allem sagte er, er habe keine Angst. Später gingen wir vor zum Altar, an dem Simeon noch weitere vier Engel sah, die er uns in allen Einzelheiten beschrieb. Er fragte sie, wer sie sind, und sie erklärten ihm, sie seien seine Beschützer.

Emlee Overall und Randall Martin
(Simeons Mutter und sein Großvater)

Kindern scheint es viel leichter zu fallen als Erwachsenen, die geistliche Welt zu akzeptieren. Doch anscheinend lässt diese Fähigkeit mit dem Alter nach. Kann es sein, dass wir die geistliche Welt im Laufe der Zeit einfach übersehen? Nur Simeon konnte die Engel und Jesus sehen. Aber auch seine Familie und seine Freunde wussten, dass Gott an jenem Ort gegenwärtig war.

. . . . . .

Ein Engel im Wohnzimmer

Eines Sonntags sprachen wir nach dem Mittagessen über das Thema Engel. Unser sechzehnjähriger Sohn war währenddessen oben in seinem Zimmer. Als er herunterkam und durch das Zimmer ging, in dem wir saßen, schnappte er unser Gesprächsthema auf und sagte ganz beiläufig: „Wir haben übrigens auch einen Engel hier im Haus. Er ist im Wohnzimmer."

Dann erklärte er uns, was er meinte. Einmal war er nach Hause gekommen und hatte den starken Drang verspürt, gleich ins Wohnzimmer zu gehen, in dem er sich normalerweise nur selten aufhielt. Doch dieses Mal ging er hinein und war erstaunt, dort eine riesige Figur zu sehen, als würde sie Wache stehen. Sie reichte fast bis zur Decke und sie strahlte.

Als Vater eines Teenagers, der sich nie sonderlich für religiöse Dinge interessiert hat, war ich zunächst einmal ziemlich skeptisch bei dem, was er berichtete. Doch bereits in derselben Woche sollte sich das ändern. Denn da sagte ein junger Mann im Anschluss an seine vierte Seelsorgestunde bei uns: „Ich weiß, dass ich bei Ihnen in guten Händen bin, denn bei meinem ersten Besuch habe ich hinter Ihnen auf der Treppe einen Engel gesehen."

Zur gleichen Zeit begleiteten wir auch eine junge Frau in der Seelsorge. Einige Tage nach dem Besuch des jungen Mannes kam auch sie zu einem Gespräch zu uns. Mitten in der Beratungsstunde sagte sie plötzlich völlig aus dem Zusammenhang gerissen: „Wenn ich zu Ihnen komme, fühle ich mich sicher, weil ich weiß, dass Sie zwei ganz besondere Menschen sind. Das müssen Sie sein, denn jedes Mal, wenn ich hier bin, ist ein Engel mit uns im Zimmer."

Drei junge Menschen, die sich nicht kennen, haben unabhängig voneinander einen Engel in unserem Wohnzimmer gesehen. Ich selbst habe ihn nie zu Gesicht bekommen, aber ich bin trotzdem froh, dass er da ist.

Ronald Bisset

Die folgende Begebenheit ereignete sich 1973 bei einem Gottesdienst mit Kathryn Kuhlman in Kalifornien. Ich war begeistert, als ich diese Geschichte las.

. . . . . .

Sieben glanzvolle Engel im Dienst

Als mein Sohn zwölf Jahre alt war, nahm ich ihn mit zu einem Heilungsgottesdienst mit Kathryn Kuhlman. Während der Predigt bemerkte ich, dass irgendetwas seine Aufmerksamkeit in Anspruch nahm. Er betrachtete einen verletzten jungen Mann, der in einem Pflegebett lag.

Plötzlich sagte er aufgeregt: „Mama, sieh mal da!"

„Was soll ich denn sehen?", fragte ich.

„All die Engel dort unten."

„Wo unten?", fragte ich und war nun ebenfalls ganz aufgeregt bei dem Gedanken, einen Engel zu sehen.

„Sie stehen um das Bett dieses Mannes herum."

Ich merkte, wie ich ungeduldig wurde, weil das, was für ihn offensichtlich war, für mich unsichtbar blieb.

Der Gottesdienst neigte sich dem Ende zu, und ich schlug vor, zu dem jungen Mann zu gehen, um ihm von den Engeln zu erzählen.

Als wir zu ihm kamen, standen bereits einige Leute bei ihm und beteten für ihn. Wir schlossen uns ihnen an. Der junge Mann hieß David. Er erklärte uns, dass sein Körper eingegipst war, weil er sich bei einem Autounfall das Becken gebrochen hatte.

Ich erzählte ihm von den Engeln, die mein Sohn gesehen hatte, und er freute sich sehr darüber. David wollte noch mehr über die Engel wissen. Deshalb schrieb er später einen Brief an meinen Sohn, in dem er ihm einige Fragen über sie stellte. Ich las die Fragen meinem Sohn vor und schrieb seine Antworten auf:

Frage: Wie viele Engel hast du gesehen?

Antwort: Sieben. Zwei auf jeder Seite des Bettes, einen am Fußende, einen am Kopfende und einen über dem Bett. Alle hatten ihre Blicke auf David gerichtet.

Frage: Was hatten sie an?

Antwort: Sie trugen lange, wunderschöne und ganz grelle Gewänder, und sie hatten fantastische, dicke Flügel.

Ich fragte ihn, was er denn mit grell meinte, und er antwortete: „Stell dir ein helles Weiß vor, das weißeste Weiß, das dir in den Sinn kommt. Ungefähr hundertmal so hell waren sie."

Frage: Hatten sie unterschiedliche Gesichtszüge?

Antwort: Nein. Ich konnte ihre Gesichter nicht erkennen, weil sie so hell waren.

Frage: Standen sie auf dem Boden oder schwebten sie in der Luft?

Antwort: Sie schwebten ungefähr einen Meter vom Bett entfernt über dem Boden und hatten sich liebevoll über David gebeugt. Ich werde ihren Anblick nie vergessen.

Nachdem mein Sohn die Fragen beantwortet hatte, fügte er noch hinzu: „Einige Engel hatten ihre Flügel ausgebreitet, als ob sie gleich davonfliegen wollten. Die anderen ließen sie herunterhängen. Die Flügel waren gewellt und elfenbeinfarben. Sie fingen an den Schulterblättern der Engel an, reichten etwa 30 cm über ihren Kopf hinaus und endeten ungefähr in Kniehöhe. Alle Engel waren gleich groß. Während sie sich um David kümmerten, wichen sie nicht von der Stelle."

Heute ist mein Sohn erwachsen, aber er hat nie vergessen, was er an jenem Abend gesehen hat.

Evelyn King

Die erste in der Bibel erwähnte Gemeinde war mit der Kraft des Heiligen Geistes erfüllt und veränderte sowohl einzelne Menschen als auch die Gesellschaft. Sie verließen sich auf die Anweisungen Gottes, auf die Gaben des Heiligen Geistes und auf die Hilfe und Unterstützung von Engeln.

Diese Art als Christ zu leben gilt auch heute noch für uns.

Schlussbemerkungen

Deshalb lassen wir uns von dem,
was uns zurzeit so sichtbar bedrängt,
nicht ablenken, sondern wir richten
unseren Blick auf Gottes neue Welt,
auch wenn sie noch unsichtbar ist.
Denn das Sichtbare vergeht,
doch das Unsichtbare bleibt ewig.

2. KORINTHER 4,18

Ich hoffe, dass dieses Buch und die inspirierenden, wahren Geschichten von Begegnungen mit Engeln Ihnen Mut gemacht haben und Sie erkennen konnten, dass die Engel an Ihrem Leben aktiv beteiligt sind. Und wenn Gott Ihnen die Augen für sein geistliches Reich öffnet, werden Sie womöglich Visionen, Träume und Engel sehen: „Jetzt sehen wir nur ein undeutliches Bild wie in einem trüben Spiegel. Einmal aber werden wir Gott von Angesicht zu Angesicht sehen. Jetzt erkenne ich nur Bruchstücke, doch einmal werde ich alles klar erkennen, so deutlich, wie Gott mich jetzt schon kennt" (1. Korinther 13,12).

Billy Graham schreibt in seinem Buch *Engel – Gottes Geheimagenten*:

· · · · · ·

Engel können zwar sichtbar werden, aber unsere Augen sind nicht dafür eingerichtet, sie normalerweise zu sehen. Sie bleiben unsichtbar wie die Dimensionen eines nuklearen Feldes, die Struktur des Atoms oder die Elektrizität. Unsere Fähigkeit, die Wirklichkeit zu erfassen, ist begrenzt ... Manche Tiere können in der Dunkelheit Dinge erkennen, die unserer Aufmerksamkeit entgehen ... Warum sollte es uns dann erstaunen, wenn wir die Gegenwart der Engel nicht wahrnehmen? Könnte es sein, dass Gott dem Bileam und seinem Esel eine zusätzliche Fähigkeit verlieh, den Engel zu erblicken? (S. 26)

Der biblische Bericht von Bileam und seinem Esel ist eine humorvolle Geschichte über einen heidnischen Propheten, der mit seinem Esel auf einer Reise war. Der Esel bleibt drei Mal stehen, weil er einen Engel des Herrn sieht, der ihnen den Weg versperrt. Und Bileam schlägt ihn jedes Mal, weil er nicht weiterläuft. Schließlich öffnet Gott dem Esel das Maul, sodass er sprechen kann. Er fragt Bileam, warum dieser ihn schlägt.

Der Esel kann also nicht nur den Engel sehen, sondern er kann auch noch sprechen! „Da öffnete der Herr ihm [Bileam] die Augen, und er sah den Engel mit dem Schwert in der Hand auf dem Weg stehen. Bileam verneigte sich vor ihm bis zum Boden" (4. Mose 22,31).

Bileam, der als Prophet oder *Seher* bekannt war, war blind für die geistliche Realität des Engels, doch sein Esel sah ihn sofort. Die Tatsache, dass Gott einem heidnischen Propheten die Augen öffnete, scheint zunächst das größere Wunder zu sein, doch auch die Fähigkeiten und Talente des Esels waren einfach unglaublich.

Wenn wir Gott darum bitten, dass er uns die Augen für die geistliche Welt um uns herum öffnet, dann tut er das manchmal. Dann können wir Engel sehen, die uns schützend umgeben, und wir stellen fest, dass sie bereits die ganze Zeit über in einer anderen Dimension bei uns waren. In seiner Gnade gestattet uns Gott, sein Königreich zu sehen, zu spüren und zu erleben, wenn er es für notwendig erachtet.

Denken wir an die Worte Jesu: „Ich sage euch die Wahrheit: Ihr werdet den Himmel offen und die Engel Gottes hinauf- und herabsteigen sehen zwischen Gott und dem Menschensohn" (Johannes 1,51).

Einer meiner geistlichen Mentoren war Pastor Jamie Buckingham. Ich begegnete ihm das erste Mal in Jerusalem in der Narkis Street, als er dort in der Baptistengemeinde über das Königreich

Gottes lehrte. Durch seine Predigt erhielt ich ein viel besseres Verständnis von der geistlichen Welt und dem Heiligen Geist. Jamie, der durch seine Arbeit bereits viele Länder bereist hatte, erklärte uns, dass die Menschen aus den sogenannten primitiven Kulturen oft ein viel tieferes Verständnis für die geistliche Welt hätten als die Menschen aus westlichen Ländern. In seinem Buch *Risky Living: Keys to Inner Healing* (Logos, 1976) erläutert Jamie die drei Quellen des Wissens, wie sie in den alten Werken Platons beschrieben werden:

. . . . . .

Die erste Quelle des Wissens sind die fünf Sinne: schmecken, hören, sehen, fühlen und riechen.

Eine zweite Quelle des Wissens ist der Verstand. Der Verstand ist das, was uns vom Rest der Schöpfung abhebt. Durch ihn können wir logische Schlussfolgerungen ziehen.

Eine dritte Quelle des Wissens ist das, was Platon als „göttlichen Wahnsinn" bezeichnete. Damit meinte er die Welt der spirituellen Kommunikation. Hier gelangt ein Mensch ohne den Einsatz der fünf Sinne oder des Verstandes zur Erkenntnis. Sie hat ihren Ursprung in der Quelle der Kraft, die aus unserem Geist kommt. Einige mögen sie Intuition nennen, andere bezeichnen sie als Inspiration.

Jamie fährt fort: „Später ließ Platons Schüler Aristoteles diese dritte oder übernatürliche Erkenntnisquelle unter den Tisch fallen, und leider basiert der größte Teil unserer westlichen Erkenntnisse auf Aristoteles' Philosophie."

Bedauerlicherweise hat sich die Welt, in der wir leben, und sogar die christliche Gemeinde dahingehend entwickelt, dass wir nur noch das akzeptieren, was wir mit unserem Verstand und unserer Sinneswahrnehmung beweisen können. Die geistliche Dimension, die viel größer ist als unsere, der Heilige Geist, die Stimme Gottes und der Engel werden weitgehend angezweifelt, wenn nicht sogar völlig diskreditiert.

Wenn Sie mir nicht glauben, versuchen Sie doch einmal bei Ihrem nächsten Treffen mit Freunden einen Satz anzufangen mit: „Gott hat mir gesagt ..." Sie werden vielsagende, überraschte und amüsierte Blicke ernten. Menschen, die eine Begegnung mit Engeln hatten, sprechen oft nicht gerne darüber. Der Hauptgrund dafür ist, weil die anderen denken könnten, sie seien übergeschnappt. Das ist tragisch. Denn im Gegensatz zu uns verließ sich die erste Gemeinde ganz auf die Anweisungen Gottes, auf Träume, die Gaben des Heiligen Geistes und auf die Hilfe von Engeln.

Ich weiß noch, wie ich während meiner Studien über die Entwicklung der christlichen Gemeinden die deutsche Ordensgemeinschaft von Mutter Basilea Schlink in Darmstadt besuchte. Mutter Basilea gründete die Evangelische Marienschwesternschaft, eine Gruppe von Gläubigen und Ordensgemeinschaft. Ihr Ziel war es, Gott zu dienen, wobei für sie die übernatürliche Welt besonders wichtig war, weshalb sie auch völlig selbstverständlich von ihr sprach. In ihrem Buch *Reiche der Engel und Dämonen: Aktuelle Wirklichkeit für unsere Zeit* (Evangelische Marienschwesternschaft, 2002) schrieb sie:

Die Engel Gottes sind helle und leuchtende Wesen. Sie strömen ihr Licht aus und spiegeln die Herrlichkeit Gottes wider. Wenn Engel sichtbar in Erscheinung treten, fallen die Menschen oft zu Boden, überwältigt von ihrem Glanz, ihrer Größe und Macht. Durch die Engel begegnen sie einem Teil der Heiligkeit Gottes. Heute ist uns die erhöhte Position der Engel nicht mehr bewusst. Wie gestärkt und ermutigt wären wir doch, wenn wir wüssten, dass die Engel, die heiligen Heerscharen des Himmels, für uns schwache Sterbliche kämpfen!

Gott erschuf die Engel und schickt sie uns nun als treue Begleiter und Freunde mit auf den Lebensweg. Ihr Dienst an uns ist ein unglaubliches Geschenk unseres liebevollen, himmlischen Vaters. Wir sind klug, wenn wir jeden Morgen dafür beten, dass der Heilige Geist uns den Tag mit Gottes Kraft erfüllt. Viele Menschen bitten uns um Gebet für ihr geistliches Leben. Vielleicht ist das folgende Gebet für Sie und Ihre Familie hilfreich:

Lieber Herr Jesus,
ich glaube, dass du mich geschaffen hast, damit ich dich immer besser kennen- und lieben lerne, unsere Beziehung immer mehr wächst, enger wird und mich für immer verändert. Du hast einen Plan und ein Ziel für mich. Bitte zeige mir den Weg, den ich gehen soll.

Alle meine Anliegen bedeuten dir viel. Bitte lass mich wissen, dass ich bei allem, was ich durchmache, nie alleine bin. Du bist immer bei mir. Und deine mächtigen Engel begleiten mich durch jede Prüfung, damit ich nicht zu Fall komme.

Danke, dass du deine Engel schickst, um mich und meine Lieben zu beschützen. Danke, dass sie mich leiten, trösten, mir den Weg erhellen und meine Seele erheben, damit ich meine Augen auf dich und dein ewiges Reich richte.

Bitte fülle mich mit deinem Heiligen Geist. Fülle meinen Verstand mit deinem Licht, meinen Willen mit deiner Kraft und meinen Körper und meine Gefühle mit Gesundheit und deiner heilenden Kraft. Erfülle mein ganzes Sein mit deinem Leben und deiner Liebe. Lass mich so werden wie du, Herr Jesus, damit mein Leben ein Spiegelbild deiner Gegenwart ist. Amen.

Für die Bibelzitate wurden folgende Übersetzungen verwendet:
Neue evangelistische Übersetzung,
© 2014 Karl-Heinz Vanheiden (NeÜ)
Lutherbibel, revidierter Text 1984, durchgesehene Ausgabe
© 1999 Deutsche Bibelgesellschaft, Stuttgart (LU)
Neues Leben. Die Bibel. © 2002 und 2006 SCM
R. Brockhaus im SCM-Verlag GmbH & Co. KG, Witten (NL)

Revidierte Elberfelder Bibel, © 1985/1991/2008 SCM R. Brockhaus
im SCM-Verlag GmbH & Co. KG, Witten. (ELB)
Die amerikanische Originalausgabe ist im Verlag
Chosen, a division of Baker Publishing Group, Grand Rapids,
Michigan USA erschienen
unter dem Titel „Encountering Angels".
© 2016 by Judith MacNutt

Copyright © 2017 Gerth Medien GmbH, Dillerberg 1, 35614 Asslar

Auflage 2017
Bestell-Nr. 817229
ISBN 978-3-95734-229-4

Umschlaggestaltung: Hanni Plato unter Verwendung von Shutterstock
Satz: Greiner & Reichel GmbH, Köln
Druck und Verarbeitung: GGP Media GmbH, Pößneck
Printed in Germany

www.gerth.de